SCHILLER:
MARIA STUART

McGRAW-HILL SERIES
IN GERMAN LITERATURE

ROBERT M. BROWNING
Consulting Editor, Hamilton College

UMGANG MIT GEDICHTEN
Robert M. Browning
Hamilton College

KELLER:
KLEIDER MACHEN LEUTE
LEGENDEN
Sidonie Cassirer
Mount Holyoke College

GOETHE:
EGMONT
Ursula S. Colby
Kirkland College

STORM:
GEDICHTE-HANS UND HEINZ KIRCH
Horst Jarka
University of Montana

MEYER:
DAS LEIDEN EINES KNABEN
Liselotte E. Kurth
The Johns Hopkins University

EICHENDORFF:
AUS DEM LEBEN EINES TAUGENICHTS
Egon Schwarz
Washington University

LESSING:
NATHAN DER WEISE
Christoph E. Schweitzer
University of North Carolina

SCHILLER:
MARIA STUART
Wolfgang Wittkowski
The Ohio State University

FRIEDRICH SCHILLER

MARIA STUART

WOLFGANG WITTKOWSKI, Editor

Professor of German
The Ohio State University

McGRAW-HILL BOOK COMPANY

New York · St. Louis · San Francisco · Düsseldorf · Johannesburg
Kuala Lumpur · London · Mexico · Montreal · New Delhi · Panama
Paris · São Paulo · Singapore · Sydney · Tokyo · Toronto

This book was set in Times Roman. The editor was Randall G. Marshall;
the cover was designed by Pencils Portfolio, Inc.; and
the production supervisor was Jim Anderson.
The Book Press, Inc., was printer and binder.

SCHILLER:
MARIA STUART

Library of Congress Cataloging in Publication Data

Schiller, Johann Christoph Friedrich von, date
Maria Stuart.

(McGraw-Hill series in German literature)
Includes bibliographical references.
1.   Mary Stuart, Queen of the Scots, date
Drama.   I.   Wittkowski, Wolfgang, date   ed.
II.   Title.
PT2468.M5W54   1974   832'.6   73-4671
ISBN 0-07-071200-X

CONSULTING EDITOR'S PREFACE

Schiller's *Maria Stuart* has always held a peculiar fascination for the English-speaking world. There seems to have been a kind of poetic rightness (if not poetic justice) in its having first seen the light of day in an English translation in 1801. How well it has been understood by all the generations of undergraduates who have read it in survey courses in German literature or in courses in German drama is perhaps another question. Professor Wittkowski, well known for his studies in Schiller, and happily also familiar with the American undergraduate and American teaching methods, has prepared an edition of this famous play that provides student and teacher with all the materials necessary for a good understanding of Schiller's intentions. Besides the indispensable historical introduction and outline of plot preceding the text and the careful annotations accompanying it, he has, as is the rule with the McGraw-Hill Series, provided stimulating and searching questions that cannot fail to add greatly to class discussion and has appended a *Nachwort* which is probably as authoritative as anything that has been written on this drama. It is hard to conceive what more could be done to make the play teachable. A special feature of Professor Wittkowski's edition is an indication of the cuts and changes in wording Schiller made for the stage version.

The present edition is not an attempt to make Schiller "easy." Schiller made easy would not be Schiller. It is an attempt to make Schiller available in the light of his own poetry and thought.

Robert M. Browning
Consulting Editor

INHALT

ZEITTAFEL:
SCHILLERS LEBEN UND WERK

1759 10. November geboren in Marbach am Neckar (Württemberg). Der Vater war Leutnant in der Armee des Herzogs Karl Eugen und später Vorsteher der Hofgärtnerei.

1773 Militärakademie, später Karlsschule genannt. Studium der Rechte, später der Medizin.

1779 Dissertation *Philosophie der Physiologie* wird abgelehnt, damit der rebellische Student unter Schulaufsicht bleibt. – Herzog Karl August von Weimar und sein Minister, der vielbewunderte Goethe, sind bei einer Preisverteilung anwesend.

1780 Dissertation *Über den Zusammenhang der tierischen Natur des Menschen mit seiner geistigen*. Regimentsarzt in Stuttgart.

1781 *Die Räuber, ein Schauspiel*, erschienen auf Schillers eigene Kosten, aber anonym.

1782 *Anthologie* (Gedichte). Uraufführung der *Räuber* in Mannheim. Schiller reist ohne Urlaub hin und erlebt einen ungeheuren Erfolg. Der Herzog verbietet ihm schriftstellerische Tätigkeit. Flucht nach Mannheim.

1783 Theaterdichter in Mannheim. *Fiesko, ein republikanisches Trauerspiel*.

1784 *Kabale und Liebe, ein bürgerliches Trauerspiel*.

1785 Zeitschrift *Die Rheinische Thalia*. Dresden: Freundschaft mit Gottfried Körner.

1786 Historische Studien.

1787 *Don Carlos, ein dramatisches Gedicht*.

1788 *Geschichte des Abfalls der Vereinigten Niederlande*.

1789 Professor für Geschichte und Ästhetik an der Universität Jena. Antrittsvorlesung *Was heißt und zu welchem Ende studiert man Universalgeschichte?* – Roman *Der Geisterseher*.

1790 Heirat mit Charlotte von Lengefeld. Vorlesungen über Theorie der Tragödie – *Geschichte des dreißigjährigen Kriegs.*

1791 Schwere Lungen– und Brustfellentzündung, die 14 Jahre später zum Tode führen wird. – Programmatische Rezension *Über Bürgers Gedichte.* Beschäftigung mit der Philosophie Kants. Neue lebensgefährliche Erkrankung. Der dänische Herzog von Augustenburg stiftet für drei Jahre eine Pension.

1792 Schwere Erkrankung. Historische und ästhetische Studien. Ehrenbürger der Republik Frankreich.

1793 *Über Anmut und Würde* in Schillers Zeitschrift *Neue Thalia.*

1794 Beginn der Arbeit am *Wallenstein.* Freundschaft und Briefwechsel mit Goethe und Wilhelm von Humboldt.

1795 *Über die ästhetische Erziehung des Menschen* in Schillers Zeitschrift *Die Horen. Musen-Almanach:* Gedankenlyrik.

1796 *Über naive und sentimentalische Dichtung.* Gemeinsam mit Goethe satirisch-polemische *Xenien.*

1797 *Musen-Almanach:* Balladen.

1799 *Wallenstein,* historische Tragödie in drei Teilen.

1800 Schwere Krankheit. Bearbeitung des *Macbeth. Maria Stuart.*

1801 *Die Jungfrau von Orleans, eine romantische Tragödie.*

1802 Vom Kaiser geadelt: Friedrich von Schiller.

1803 *Die Braut von Messina, ein Trauerspiel mit Chören.* Begegnung mit Madame de Staël.

1804 *Wilhelm Tell, Schauspiel.*

1805 Schwere Krankheit. Übersetzung von Racines *Phädra. Demetrius* (Tragödien – Fragment). Tod am 9. Mai.

HISTORISCHE EINLEITUNG[1]

WO UM DIE POLITISCHE MACHT gekämpft wird, da gibt es Kriege, Staatsstreiche, Verschwörungen, Schauprozesse, Justizmorde. Wir beklagen sie als Ausnahmen, die in unserem Jahrhundert eigentlich nichts zu suchen haben. Zu Schillers Zeit, um 1800, empfand man ähnlich. Damals hatte man die blutigen Ereignisse der Französischen Revolution von 1789 vor Augen. Im Zeitalter Maria Stuarts, im 16. Jahrhundert, kamen derartige Ereignisse noch öfter vor – und man entsetzte sich noch mehr. Denn damals stand mehr auf dem Spiel als später.

Der Inhaber der Macht, der Fürst, repräsentierte den Menschen der Renaissance: den Menschen, der sich auf seine eigene Kraft verläßt und sie so weit als möglich entfaltet. Er stand hoch über den anderen Menschen, seinen Untertanen. In freier Willkür entschied er über ihr Leben und sogar über ihren religiösen Glauben. Gesetze beschränkten ihn nicht oder wenig oder nur scheinbar. Er galt als Vertreter Gottes und wurde fast wie ein Gott verehrt. Wie Gott tat er öffentlich nur Gutes. Dagegen ließ er etwas Unglückliches durch seine Diener vollbringen. So lag um den Thron eine religiöse Aura. Deshalb strebten viele Menschen danach, ihn zu gewinnen oder wenigstens in seine Nähe zu gelangen: an den Hof, und dort zu hohem Rang. Deshalb umkämpften sie einen solchen Platz an der Sonne (ein beliebtes Bild für Gott und für den Fürsten) mit aller Energie und allen Mitteln. Und deshalb rief der Sturz der Großen tiefe Erschütterung hervor. Er erinnerte daran, daß der Mensch, daß irdische Größe und Macht doch vergänglich waren.

Das Wettrennen (ein gern benutztes Bild für das Leben überhaupt) – das Wettrennen um Macht und Ruhm gefährdete die politische Ordnung. Es gab aber eine Einrichtung, die Sicherheit versprach. Es war die erbliche Thronfolge. Sie diente gleichzeitig

---

[1] Auf die Seiten dieser *Historischen Einleitung* verweisen die Fußnoten zu den entsprechenden Stellen des Textes.

dem Interesse des Fürsten. Sein Reich und seine Untertanen betrachtete er als sein Eigentum, das er durch Krieg und Heirat zu erhalten und zu vermehren suchte. Diese Regelung der Thronfolge tat freilich nur dann ihren Dienst, wenn ein Erbe vorhanden und wenn die Erbfolge eindeutig klar war. Andernfalls ergaben sich gerade hieraus erbitterte Streitigkeiten. Weil die Erbfolge nicht eindeutig klar war, kam es auch zu dem Konflikt zwischen Elisabeth Tudor und Maria Stuart.[2]

Heinrich Tudor VII. beendete den Erbkrieg zwischen seiner Familie, dem Hause Lancaster (mit der roten Rose im Wappen), und dem Hause York (weiße Rose) durch einen Sieg auf dem Schlachtfeld und durch die Hochzeit mit Elisabeth von York. Sein Sohn Heinrich VIII. war der typische Renaissance-Mensch. Er heiratete sechsmal. Er schied seine erste Ehe – mit Katharina von Aragon –, um seine Geliebte Anna Boleyn heiraten zu können. Diese ließ er – wie später seine fünfte Frau – wegen angeblichen Ehebruchs hinrichten. Nun heiratete er Jane Seymour, die ihm den einzigen Sohn gebar, Eduard. Um ihn zum Thronfolger zu machen, erklärte er die Töchter aus den ersten Ehen, Maria und Elisabeth, für illegitim. Und um England mit Schottland zu vereinigen, versuchte er, Eduard mit Maria Stuart zu verheiraten. Als das nicht gelang, setzte er seine Töchter hinter seinem Sohn als Thronfolger ein.

Diese Regelung wurde tatsächlich durchgeführt, aber unter den größten Schwierigkeiten. Eduard regierte nur sechs Jahre. Als er starb, versuchte der Vater des späteren Grafen Leicester, seiner Schwiegertochter Johanna (Lady Jane) Grey, einer Großnichte Heinrichs VIII., die Krone zu verschaffen. Maria, genannt die Katholische oder die Blutige, war jedoch glücklicher. Sie bestieg den Thron, ließ Johanna Grey enthaupten und Elisabeth unter dem Verdacht einer Verschwörung im Tower und dann auf Schloß Woodstock festhalten, durch das Parlament erneut zum Bastard erklären und dadurch von der Thronfolge ausschließen.

Das entsprach der Anschauung der katholischen Welt. Heinrich hatte seine Ehe mit Katharina geschieden, obwohl der Papst seine Zustimmung verweigerte. Und er hatte Anna Boleyn geheiratet,

---

[2] **Zum Folgenden vergleiche die Stammtafel am Ende des Bandes.**

obwohl Katharina noch lebte. Nach katholischem Gesetz war diese Ehe ungültig, Elisabeth illegitim und nicht berechtigt, den Thron zu erben. Heinrich hatte weiter keine Kinder. Daher galt als Thronfolgerin nach Maria Tudor die Enkelin von Heinrichs Schwester, die katholische Maria Stuart.

Das Parlament entschied dann zwar für Elisabeth. Ihr folgte jedoch Marias Sohn, Jakob (James) VI. von Schottland und I. von England, der 1603 beide Reiche vereinte. Nichts anderes, nämlich als Nachfolgerin Elisabeths anerkannt zu werden, erbat Maria wiederholt von ihrer neun Jahre älteren Halbtante. Der Anspruch war auch nach nicht-katholischem Gesetz gültig; denn Elisabeth blieb unverheiratet und kinderlos. Diese ging jedoch nie darauf ein. Zu sehr fürchtete und haßte sie den Katholizismus, der hinter Maria stand und der schon einmal ihr Leben bedroht hatte.

Heinrich VIII. gründete wegen des Streites um seine Scheidung die Anglikanische Kirche und machte sich zu deren Oberhaupt. Er löste sie von Rom, änderte aber wenig an ihrem katholischen Charakter. Eduard dagegen begünstigte die Reformation. Maria die Blutige, Gattin Philipps II. von Spanien, unterwarf das Land mit Hilfe der Inquisition wieder unter die Glaubensherrschaft von Rom. Zum Zeichen dafür machte das Parlament vor dem päpstlichen Legaten einen Kniefall, wie es schon 1213 König Johann tat, als er sein Land als päpstliches Lehen empfing. Bei Marias Tode war der Katholizismus in England verhaßt; und unter Elisabeth wurde der Anglikanismus wieder überwiegend protestantisch.

Der Katholizismus gab sich aber nicht geschlagen. Die Gefangennahme Maria Stuarts 1568 lieferte die willkommene Gelegenheit zu einem neuen Angriff. 1570 verkündete eine päpstliche Bulle die englische Königin für abgesetzt und exkommuniziert. Auf Veranlassung Philipps II. bestätigte Papst Sixtus diese Bulle nach Marias Hinrichtung 1588. Spanien und Frankreich planten mehrfach eine Invasion. Frankreich war jedoch konfessionell gespalten und in seiner Haltung schwankend. Seine Könige waren zwar Brüder und Nachfolger von Marias Gemahl Franz II.; trotzdem suchten sie eine feste Verbindung mit Elisabeth. Innerhalb eines Jahrzehnts warben zwei Prinzen um ihre Hand, zuerst der Herzog von Anjou, der spätere König Heinrich; dann Franz, Herzog von Alençon. Nur vor und nach diesen Heiratsverhandlungen setzte Frankreich sich für Marias Freilassung ein, zuletzt durch Bellièvre – niemals jedoch mit großem Nachdruck. Immerhin wurde Graf Aubespine tatsächlich aus England verwiesen, weil er sich an einer Verschwörung beteiligt haben sollte.

Maria Stuart war mit Frankreich vielfältig verbunden. Durch ihre Mutter war sie verwandt mit den lothringischen Herzögen von Guise. Sie standen an der Spitze der katholischen Partei. Auf ihr Betreiben hin ließ König Karl IX. bei der „Pariser Bluthochzeit" in der Bartholomäusnacht 1572 die protestantischen Hugenotten umbringen. Nach Marias Tod ließ Heinrich III. allerdings zwei ihrer Vettern ermorden, weil sie ihm zu mächtig wurden. Marias Vater, König Jakob V. von Schottland, war in erster Ehe mit einer französischen Königstochter verbunden, bevor er die Prinzessin Guise heiratete, die Marias Mutter wurde. Er starb 1542, im Geburtsjahr seiner Tochter, die damit Königin wurde. Ihre Mutter übernahm die Regentschaft; und sie selbst wurde von ihrem sechsten Lebensjahre an am französischen Königshof erzogen, der durch seine Pracht und Sittenlosigkeit berüchtigt war. Sie übertraf alle anderen jungen Mädchen an Geist und Schönheit, sowie an Geschick im Dichten, Singen und Musikspiel. 1558, also mit sechzehn Jahren, heiratete sie den Kronprinzen (Dauphin) Franz und bestieg mit ihm 1559 den Thron. Nun war sie Königin zweier Länder. Allerdings waren sie und ihr Gatte minderjährig. Daher übernahm ihre Schwiegermutter Katharina von Medici die französische Regentschaft.

Schon 1560 war Maria Witwe. Im selben Jahr wurde Elisabeth Königin von England und forderte im Edinburger Vertrag, Maria solle auf ihren Thronanspruch verzichten. Maria unterschrieb nicht und kehrte 1561 nach Schottland zurück, wo ihre Mutter gestorben war und sie selbst mit neunzehn Jahren nun die Regierung übernahm. Sie machte keinen Versuch, den inzwischen reformierten Glauben des Landes anzutasten. John Knox, der Anführer der Protestanten, durfte sich gegen sie die gröbsten Angriffe erlauben. Mit Geschick hielt sie sich auf dem Thron.

Sie wechselte freundliche Briefe mit Elizabeth. Diese erhob ihren Liebhaber Baron Dudley von Denbigh zum Grafen Leicester und schlug ihn Maria zum Gemahl vor. Maria ging auf diesen beleidigenden Vorschlag nicht ein, sondern heiratete Lord Darnley, der mit ihr und mit Elisabeth verwandt war. Bald freilich verlor er ihre Zuneigung und Achtung. Sie machte den Italiener David Rizzio, ein Werkzeug des Papstes, zu ihrem Sekretär. Er war ein guter Sänger und Unterhalter. Bald sprach das Gerücht von einem intimen Verhältnis. Darnley drang 1566 mit einer Schar Mitverschworener in die Gemächer der Königin ein, wo Rizzio auf unmenschliche Weise niedergemacht wurde. Maria, die im sechsten Monat schwanger war, versöhnte sich nur zum Schein. Als im selben Jahr ihr Sohn Jakob in Stirling (Sterlyn) getauft wurde, blieb Darnley den Feierlichkeiten fern. Es heißt, auf Veranlassung Marias mußte er von Geschirr speisen, das aus Zinn statt aus Silber war. Bald darauf erkrankte er und wurde isoliert. Eines Abends, nachdem Maria ihn noch besucht hatte, explodierte das Haus. Man fand Darnley erdrosselt im Garten (Februar 1567). Als Anstifter wurde James Hepburn Graf Bothwell angeklagt, der schon lange ihr Geliebter war. Er ließ sich von ihr zum Herzog erheben und schied seine Ehe, allerdings ohne sich ganz von seiner Frau zu trennen. Maria wollte ihn heiraten. Sie hatte Eile, vermutlich war sie schwanger. Daher entführte und heiratete er sie bereits im Mai mit der damals gültigen Begründung, er habe sie vergewaltigt und nur eine Eheschließung könne ihre Ehre retten. Die Empörung über diese zynische Veranstaltung war allgemein, und der Adel, angeführt von Marias unehelichem Halbbruder Graf Murray, machte einen Aufstand. Bothwell floh und starb in dänischer Gefangenschaft. Er hinterließ ein Kästchen, in dem man leidenschaftliche Liebesgedichte Marias fand und Briefe, die ihr Einverständnis mit Darnleys Ermordung bestätigten. Ihre Echtheit ist nicht ganz gesichert. Maria selbst wurde gefangengesetzt und mußte zugunsten ihres Sohnes abdanken. Aber diese große Kämpferin gab nicht auf. 1568 entkam sie, griff erneut nach der Macht, wurde wiederum besiegt und suchte nun Asyl in England. Mehrfach wechselte sie den Ort ihrer Schutzhaft, die zunehmend zur Gefangenschaft wurde. Auf den letzten drei Stationen behandelte man sie mit unverhüllter feindseliger Härte. Ihr Bewacher war hier Sir Amias Paulet.

Die Erbitterung Englands war verständlich. Marias Anwesenheit im Lande bedeutete eine ständig wachsende Gefahr. Elisabeth hatte die schottischen Aufstände heimlich unterstützt. Sie triumphierte, als die gefürchtete Rivalin in ihre Hand fiel. Es mußte sie locken, diesen Zustand endgültig zu machen. Sie erlaubte Maria nicht, sich nach Frankreich zu begeben. Damit hinderte sie ihre Halbnichte daran, etwa erneut nach der schottischen Krone zu greifen. Gleichzeitig hielt sie damit Marias Sohn Jakob in Schach. Der wollte, als er herangewachsen war, selber König sein und fürchtète daher nichts mehr als eine Freilassung seiner Mutter. Zu deren Lebzeiten hat er, der Kalvinist, nichts für sie getan.

Dadurch, daß Elisabeth ihre Gegnerin festhielt, bannte sie Gefahren, die von Schottland vielleicht ausgehen konnten. Diesen ungewissen Vorteil erkaufte sie mit Gefahren, die mit Sicherheit entstehen mußten aus Marias Schönheit und Katholizität. 1568 wurde in York ein Prozeß eröffnet. Er sollte über Marias Schuld an dem Attentat auf Darnley entscheiden, verlief jedoch ergebnislos. Der Vorsitzende war Thomas Howard, Herzog von Norfolk, einer der ersten protestantischen Edelleute. Er verliebte sich in die schöne Angeklagte und beschloß, sie zu befreien und zu heiraten. Er wurde entdeckt und verhaftet, aber bald begnadigt. Er bereitete mit spanischer und päpstlicher Hilfe einen zweiten Befreiungsversuch vor und wurde diesmal hingerichtet (1572), mit ihm Thomas Percy, Graf von Northumberland, dessen Sohn im Gefängnis Selbstmord beging. Man verschärfte Marias Haft.

Weitere Versuche, Elisabeth zu ermorden, die schottische Königin zu befreien, sie auf den Thron zu setzen und diesen damit zu einer Machtposition des Katholizismus zu machen, schlugen fehl.

Morgan und der Bishof von Rosse gingen, nachdem ihre Verschwörungen zugunsten Marias fehlgeschlagen waren, nach Frankreich. Sie beteiligten sich an der Agitation, die man im nichtjesuitischen Seminar zu Reims und im English College zu Douai betrieb. Dessen Begründer Kardinal Allen hatte dazu die ideologische Grundlage geliefert, nämlich die Lehre, die Ermordung exkommunizierter Könige sei ein gottgefälliges Werk. Die Kirche versprach für die Ermordung Elisabeths im voraus Absolution von allen Sünden (Ablaß), ja mehr: die Märtyrerkrone, falls der Versuch das Leben kosten sollte. Der Konvertit Parry, ein Mitglied des Unterhauses, wurde vom Papst persönlich zu der Tat aufgefordert,

jedoch entdeckt und 1585 hingerichtet. 1586 folgten ihm Babington, Tichburne und Savage, letzterer ein glühender Fanatiker, der
den Ruhm der Tat für sich allein haben wollte. Der Minister Walsingham brachte diese Gruppe selber mit Maria in Verbindung. Er
faßte einen Boten, der aus Europa an Maria abgesandt war, ließ
ihn mit der Gefangenen Kontakt aufnehmen und ihr Vertrauens-
mann werden. Alle Schreiben von ihr und an sie gingen nun durch
dessen und seine eigenen Hände. In einem der Briefe erklärte Maria
sich einverstanden mit einem Attentat auf Elisabeth. Nach Parrys
Attentat beschloß das Parlament, jeder Kronprätendent könne hingerichtet werden, in dessen Interesse ein Anschlag auf Elisabeth
verübt werde. Babingtons Verschwörung erfüllte diesen Tatbestand
und versetzte das ganze Land in derartige Empörung, daß man nun
Maria den Prozeß machte. Es war etwas Ungeheuerliches; denn eine
gesalbte Königin, eine absolute Fürstin und geheiligte Person konnte
eigentlich nicht öffentlich angeklagt werden. Darauf berief sich
auch Maria. Das Gericht erkannte sie jedoch nicht als Königin an,
da ihr Volk sie vertrieben hatte. Es kam zu zahlreichen Rechtsverstößen. Zu ihnen gehörte aber nicht die Verweigerung eines Ver-
teidigers. Sie war bei Hochverratsprozessen üblich. Maria führte
ihre Sache selber, und zwar schlagfertig und würdevoll. Während der
neunzehn Jahre ihrer Haft (1568–1588), also von ihrem 26. bis 45.
Lebensjahr, blieb ihr Stolz ungebrochen. Immer wieder beschwerte
sie sich mit der Heftigkeit einer wahren Monarchin über ihre harte
und beleidigende Behandlung.

Elisabeth konnte ihre Rivalin jezt weniger denn je freigeben; denn
mehr denn je hatte sie ihre Rache zu fürchten. Dauerte indessen die
Gefangenschaft fort, so mußte man jederzeit mit weiteren Versuchen
rechnen, Maria zu befreien und Elisabeth zu ermorden. Eine Hinrichtung aber konnte den Krieg mit Spanien und Frankreich, vielleicht sogar mit Schottland bedeuten. So war dadurch, daß Elisabeth seinerzeit der Versuchung erlag, Maria festzunehmen, eine
Lage entstanden, die für Elisabeth selbst und darum auch für Maria
höchst gefährlich war. In dieser Situation setzt Schillers Drama ein.

DIE HANDLUNG

I

MARIA STUART, seit Jahren in englischer Gefangenschaft, steht unter der Anklage, sie habe sich an Babingtons Verschwörung gegen Elisabeth beteiligt. Sie ist (im Gegensatz zur Geschichte) unschuldig. Trotzdem hat das Gericht sie nach zahlreichen Rechtsverstößen soeben schuldig gesprochen und zum Tode verurteilt. Was wird Elisabeth tun? Wird sie Gebrauch machen von ihrer königlichen Vollmacht, die Verurteilte zu begnadigen? Oder wird sie das Urteil unterzeichnen, es vollstrecken lassen; wird sie es zum Justizmord kommen lassen, zur rechtswidrigen Tötung einer geheiligten Person? Maria rechnet mit der Rache des Schicksals und ist bereit, sie anzunehmen als Sühne für ihre Schuld am Tode ihres Gatten. Diese Schuld hat aber nichts zu tun mit der Anklage, die im Prozeß erhoben wurde. Darum ist Maria nicht – noch nicht – bereit, das ungerechte Todesurteil als schicksalhafte Sühne für ihre wahre Schuld anzunehmen. Vielmehr setzt sie sich mit aller Kraft zur Wehr gegen die Vollstreckung des Urteils. Ihr Kampf beginnt verheißungsvoll. Es stellt sich heraus, daß Mortimer nicht zu ihren Bedrückern gehört, sondern, bewegt von ihrer Schönheit, sie befreien will. Sie selbst bietet heimlich Leicester die Ehe an, wenn er sie befreit. Gleichzeitig bittet sie Elisabeth um eine Unterredung. Beim Rede-Duell mit dem mächtigen Minister Burleigh, ihrem Hauptgegner, legt sie in beredten Worten ihre Unschuld und die Unrechtmäßigkeit des gerichtlichen Verfahrens dar. Burleigh und Elisabeth versuchen vergeblich, Paulet beziehungsweise Mortimer zur Ermordung Marias zu bewegen.

II

Die französischen Gesandten, die für ihren König um Elisabeths Hand werben, setzen sich für die Gefangene ein. Im Kronrat fordert allein Burleigh aus Gründen der Staatsraison die Hinrichtung; Talbot lehnt sie als ungerecht ab, und Leicester empfiehlt Aufschub bis zu einem weiteren Anschlag. In Wahrheit sucht er, der langjährige Günstling und Liebhaber Elisabeths, Zeit zu gewinnen, um Maria zu befreien und an ihrer Seite seine bedrohte Hofkarriere zu einem neuen Gipfel zu führen. Er benutzt die weiblichen Rivalitätsgefühle seiner Herrin, um diese zu einem Treffen mit Maria zu überreden (das geschichtlich nicht stattfand; die beiden Gegenspielerinnen und Verwandten haben sich niemals gesehen).

III

Begnadigung scheint so gut wie sicher. Maria darf in den Park und glaubt schon Freiheit zu atmen. Von ihr wird anscheinend nur erwartet, daß sie sich Elisabeth deutlich unterwirft. Sie tut, was sie kann. Für ihre Feindin ist das jedoch zu wenig. Diese möchte den völligen Zusammenbruch der Rivalin sehen. So kommt es zu wechselseitigen Vorwürfen und Beleidigungen. Maria feiert einen rhetorisch-moralischen Triumph, reizt damit aber ihre mächtige Gegnerin zum äußersten. Mortimers Genossen verüben ein Attentat auf Elisabeth. Es schlägt fehl, liefert jedoch die gesetzliche Handhabe, das Urteil an Maria zu vollstrecken.

IV, V

Leicester rettet sich auf Kosten Mortimers und Marias, muß aber die Hinrichtung miterleben, denn er hat sich nicht ganz von Verdacht gereinigt. Maria nimmt jetzt den Tod als Sühne für den Mord an ihrem Gatten in königlich-erhabener Haltung an. Elisabeth dagegen hat zwar das Urteil unterschrieben, macht für die Vollstreckung aber ihre Helfer verantwortlich; sie steht am Ende elend und verlassen da.

ANMERKUNG ZUM TEXT

SCHILLER hat die Arbeit an *Maria Stuart* am 4. Juni 1799 begonnen und am 10. Juni 1800 abgeschlossen. Vier Tage später, am 14. Juni, fand in Weimar die Uraufführung statt. Für den Druck Ostern 1801 wurde der Text noch einmal durchgesehen.

Schiller gab jeden fertiggestellten Aufzug dem Engländer Mellish, der damals in seiner Nähe wohnte und dessen Übersetzung noch vor der deutschen Erstausgabe erschien (London, 1801). Diese englische Fassung enthält einige Ergänzungen und Änderungen, die auf das englische Publikum zugeschnitten sind. Zugleich spiegelt sie Schillers Text in einer früheren Version. Das tun auch die Bühnenfassungen, die weitgehend miteinander übereinstimmen und die neben der Ausarbeitung des Haupttextes, also vor der Drucklegung entstanden. Andererseits mögen sie auch Verbesserungen enthalten, die Schiller bei der Durchsicht des Textes für den Druck nicht berücksichtigte. Er verfuhr hier nämlich überhaupt nicht allzu sorgfältig. Er ließ Schreibirrtümer stehen, und er nennt die Figur des Talbot im zweiten Teil des Werkes Shrewsbury – eine Unregelmäßigkeit, die die Bühnenfassungen natürlich korrigierten, die aber alle Ausgaben bis zu der hier abgedruckten Nationalausgabe beibehielten. Die Anmerkungen und der Anhang bieten einige Beispiele für die Abweichungen der Bühnenfassungen [Bf.]. Sie verweisen außerdem auf die Seitenzahlen unserer *Historischen Einleitung,* wenn dort Näheres über die geschichtlichen Andeutungen im Text zu erfahren ist. Der unvorbereitete Leser hat es manchmal schwer, die Sprache der *Maria Stuart* sogleich zu verstehen. Es handelt sich um eine Kunstsprache. Warum Schiller sie benutzt, versucht das *Nachwort* zu erklären. Hier nur ein paar Hinweise, die hoffentlich das Lesen und, wenn möglich, ein genußreiches Lesen erleichtern.

Die Personen des Dramas sprechen gewöhnlich im *Blankvers,* wie Shakespeare ihn gebrauchte. Blank heißt: ohne Reim. Zugleich ist eine Verszeile gemeint, in welcher betonte und unbetonte Silben regelmäßig miteinander wechseln; und zwar bilden immer eine unbetonte und eine betonte Silbe einen Takt x x́, den man *Jambus* nennt: (Es gibt auch andere Gruppierungen von Silben; wir werden eine im Verlauf des Stückes kennenlernen). Fünf solcher Jamben bilden eine Blankverszeile, die also mit einem unbetonten Auftakt beginnt und mit einer betonten Silbe, aber auch mit einer angehängten unbetonten Silbe enden kann:

KENNEDY: Was macht Ihr, Sir? Welch neue Dreistigkeit!

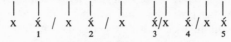

Zurück von diesem Schrank!

PAULET:　　　　　　　　　　　　　　　Wo kam der Schmuck her?

Das zweite Beispiel zeigt, daß eine Verszeile sich auf die Rede mehrerer Figuren verteilen kann. Wenn man solche Stellen spricht, ist der jambische Rhythmus kaum noch zu erkennen. Das metrische Schema wird also einerseits der lebendigen, natürlichen Sprache aufgezwungen; andererseits lehnt diese sich gegen das Schema auf. Sie tut das besonders eindrucksvoll, wo sie das Takt-Schema, das man nach kurzer Zeit im Ohre hat, durchbricht und das zusätzlich betonte Wort kräftig hervorhebt:

Trótz meí|ner Aúfsicht, meínem schárfen Súchen,
Nóch Kóst|barkeíten, nóch geheíme Schắtze!

Der erste Takt hat zwei betonte Silben and keine unbetonte. Dadurch wird die Sprache leidenschaftlich bewegt.

Dem jambischen Schema zuliebe werden manchmal Silben verkürzt, z.B.: *Die überliefr'* ich statt „überliefere"; *Am üppgen Hof* statt „üppigen"; *Verwahrts* . . . statt „Verwahrt es . . .!"; *Kron* statt „Krone". Solche Auslassungen von Vokalen (damit von Silben) nennt man Ellipse. Häufig fallen nicht bloß die Vokale, sondern auch die Konsonanten einer Silbe weg. So ist es bei den Flexionsendungen von Adjektiven: *unglückselig Blatt*. Das entspricht einem altertümlichen Sprachgebrauch, der hier beiträgt zur historischen

Atmosphäre. Dasselbe gilt für die Weglassung des Hilfszeitworts in den zusammengesetzten Tempora: *Da sie den Fuß gesetzt* (hat). Der Blankvers erzwingt auch Veränderungen der normalen Wortfolge, sogenannte Inversionen. Besonders künstlich und zugleich höfisch klingt die Vorwegnahme des Genitivs: *dieses Titels leerem Prunk entsagen* statt „dem Prunk dieses leeren Titels entsagen". Oder *Der spanischen Maria blutge Zeiten; Des Gatten rachefoderndes Gespenst. Fodern* im letzten Beispiel ist eine altertümliche Form für „fordern", wurde aber von Schiller selber noch gebraucht. Zu solchen altertümlichen Formen geben die Anmerkungen die modernen Gegenstücke. Altertümlich und schon zu Schillers Zeit nur noch in der Dichtung möglich ist der adverbiale Genitiv: *mächtigen Rufes* statt „mit mächtigem Ruf". Das Poetische ist hier eine Sache der Rhetorik. Dahin gehören außer auffälligen Wendungen besonders Bilder und Metaphern. Schiller bevorzugt das typisierende, schmückende Beiwort: *Wahnsinn blinder Liebesglut, keckes Laster, Mit dreister Stirn.* Die Metaphern sind konventionell, geläufig: *Gefängnisnacht, Gräbernacht, dem Götzen ihrer Eitelkeit.* Die Rede erhält Nachdruck (Emphase) durch Häufung solcher Bilder: *Der rohen Stärke blutiges Erkühnen* (Personifizierung), durch Ausrufe und Fragen: *Die Richter! Wie, Mylady?* ferner durch Wiederholung des Satzanfangs (Anapher): *Ich sehe diesen hohen Adel Englands . . . Ich sehe dieses edle Oberhaus . . . Ich sehe diese würdgen Peers . . .* Immer wieder kommt es zur Steigerung (Klimax); das beste Beispiel is Ende des III. Aktes, 4. Auftritt. Die häufigste rhetorische Figure, für Schiller überhaupt charakteristisch, ist die Antithese: *Ich bin die Schwache, sie die Mächtige. – Ermorden lassen kann sie mich, nicht richten. – Und was sie ist, das wage sie zu scheinen!*

Sie sehen, das versteht man ganz leicht. Und wo es doch noch schwierig sein sollte, da helfen hoffentlich die Anmerkungen. Vergessen Sie aber nicht, daß alle solchen Erklärungen, Umschreibungen undichterisch sind. Sie sollen die Dichtung nicht ersetzen, sondern nur helfen, zu verstehen, was die jeweilige Stelle bedeutet und *wie poetisch* sie geschrieben ist.

FRIEDRICH SCHILLER
MARIA STUART

EIN TRAUERSPIEL

PERSONEN

ELISABETH, *Königin von England.*
MARIA STUART, *Königin von Schottland,*
Gefangene in England.
ROBERT DUDLEY, *Graf von Leicester.*
GEORG TALBOT, *Graf von Shrewsbury.*
WILHELM CECIL, *Baron von Burleigh,*
Großschatzmeister.
GRAF VON KENT.
WILHELM DAVISON, *Staatssekretär.*
AMIAS PAULET, *Ritter, Hüter der Maria.*
MORTIMER, *sein Neffe.*
GRAF AUBESPINE, *französischer Gesandter.*
GRAF BELLIEVRE, *außerordentlicher*
Botschafter von Frankreich.
OKELLY, *Mortimers Freund.*
DRUGEON DRURY, *zweiter Hüter der Maria.*
MELVIL, *ihr Haushofmeister.*
BURGOYN, *ihr Arzt.*
HANNA KENNEDY, *ihre Amme.*
MARGARETA KURL, *ihre Kammerfrau.*
SHERIFF DER GRAFSCHAFT.
OFFIZIER DER LEIBWACHE.
FRANZÖSISCHE UND ENGLISCHE HERREN.
TRABANTEN.
HOFDIENER DER KÖNIGIN VON ENGLAND.
DIENER UND DIENERINNEN DER
KÖNIGIN VON SCHOTTLAND.

ERSTER AUFZUG

IM SCHLOSS ZU FOTHERINGHAY. – EIN ZIMMER

ERSTER AUFTRITT

[*Hanna Kennedy, Amme der Königin von Schottland,
in heftigem Streit mit Paulet, der im Begriff ist, einen
Schrank zu öffnen. Drugeon Drury, sein Gehilfe, mit
Brecheisen.*]

KENNEDY   Was macht Ihr, Sir? Welch neue Dreistigkeit!
Zurück von diesem Schrank!

PAULET   Wo kam der Schmuck her?
Vom obern Stock ward er herabgeworfen,
Der Gärtner hat bestochen werden sollen
Mit diesem Schmuck – Fluch über Weiberlist!   5
Trotz meiner Aufsicht, meinem scharfen Suchen,
Noch Kostbarkeiten, noch geheime Schätze!
   [sich über den Schrank machend]
Wo das gesteckt hat, liegt noch mehr!

Fothering(h)ay *Familiensitz des Hauses York, 10 Meilen von
London*   **Hanna Kennedy** *war nicht Marias Amme, sondern
gehörte (als Jane Kennedy) zur Umgebung der Königin, als diese
in Schottland gefangen gehalten, und später, als sie hingerichtet
wurde*   **Paulet** *früher Gesandter am französischen Hof; fanatischer
Puritaner und eifersüchtiger Diener seiner Königin. Seine Härte
gegen Maria ist geschichtlich, seine Redlichkeit erfunden*   **Schrank**
=Schreibschrank   **sich über den Schrank machend**   *Paulet durchsucht alle Winkel des Schrankes und greift dabei rücksichtslos zu*
Drury *historisch nicht Paulets Gehilfe, sondern dessen Kollege;
das Personenverzeichnis sagt richtig: zweiter Hüter der Maria*

KENNEDY
                                    Zurück, Verwegner!
Hier liegen die Geheimnisse der Lady.

PAULET   Die eben such ich. [*Schriften hervorziehend*]   10

KENNEDY   Unbedeutende
Papiere, bloße Übungen der Feder,
Des Kerkers traurge Weile zu verkünden.

PAULET   In müßger Weile schafft der böse Geist.

KENNEDY   Es sind französische Schriften.

PAULET   Desto schlimmer!
Die Sprache redet Englands Feind.   15

KENNEDY   Konzepte
Von Briefen an die Königin von England.

PAULET   Die überliefr' ich – Sieh! Was schimmert hier?
       [*Er hat einen geheimen Ressort geöffnet, und
       zieht aus einem verborgnen Fach Geschmeide
       hervor*]
       Ein königliches Stirnband, reich an Steinen,
       Durchzogen mit den Lilien von Frankreich!
         [*Er gibt es seinem Begleiter*]
       Verwahrts, Drury. Legts zu dem Übrigen!   20
         [*Drury geht ab*]

KENNEDY   O schimpfliche Gewalt, die wir erleiden!

PAULET   So lang sie noch besitzt, kann sie noch schaden,
       Denn alles wird Gewehr in ihrer Hand.

KENNEDY   Seid gütig, Sir. Nehmt nicht den letzten Schmuck

---

nach 17 **Ressort** Fach; hier = größeres Fach oder Feder eines
Verschlusses   19 **Drei Lilien** Wappen der französischen Könige.
Vgl. S. 8   23 **Gewehr** Waffe; heute = rifle

Aus unserm Leben weg! Die Jammervolle   25
Erfreut der Anblick alter Herrlichkeit,
Denn alles andre habt Ihr uns entrissen.

PAULET   Es liegt in guter Hand. Gewissenhaft
Wird es zu seiner Zeit zurück gegeben!

KENNEDY   Wer sieht es diesen kahlen Wänden an,   30
Daß eine Königin hier wohnt? Wo ist
Die Himmeldecke über ihrem Sitz?
Muß sie den zärtlich weichgewöhnten Fuß
Nicht auf gemeinen rauhen Boden setzen?
Mit grobem Zinn, die schlechtste Edelfrau   35
Würd es verschmähn, bedient man ihre Tafel.

PAULET   So speiste sie zu Sterlyn ihren Gatten,
Da sie aus Gold mit ihrem Buhlen trank.

KENNEDY   Sogar des Spiegels kleine Notdurft mangelt.

PAULET   So lang sie noch ihr eitles Bild beschaut,   40
Hört sie nicht auf, zu hoffen und zu wagen.

KENNEDY   An Büchern fehlts, den Geist zu unterhalten.

PAULET   Die Bibel ließ man ihr, das Herz zu bessern.

KENNEDY   Selbst ihre Laute ward ihr weggenommen.

PAULET   Weil sie verbuhlte Lieder drauf gespielt.   45

---

²⁹ **zu seiner Zeit** = wenn es Zeit ist   ³⁰ **Wer sieht** ... = Wer
erkennt, wenn er diese kahlen Wände ansieht, ...
³² **Himmel(s)decke** königliches Symbol, das historisch erst nach
Bekanntgabe des Todesurteils entfernt wurde   ³⁵ **schlecht**
altertümlich für arm, einfach, schlicht   ³⁵⁻³⁹ fehlt Bf. Vgl. S. 9
³⁸ **Buhle** Geliebter   ⁴⁵ **verbuhlt** auf unsittliche Weise verliebt

21

KENNEDY   Ist das ein Schicksal für die Weicherzogne,
Die in der Wiege Königin schon war,
Am üppgen Hof der Mediceerin
In jeder Freuden Fülle aufgewachsen.
Es sei genug, daß man die Macht ihr nahm,   50
Muß man die armen Flitter ihr mißgönnen?
In großes Unglück lehrt ein edles Herz
Sich endlich finden, aber wehe tuts,
Des Lebens kleine Zierden zu entbehren.

PAULET   Sie wenden nur das Herz dem Eiteln zu,   55
Das in sich gehen und bereuen soll.
Ein üppig lastervolles Leben büßt sich
In Mangel und Erniedrigung allein.

KENNEDY   Wenn ihre zarte Jugend sich verging,
Mag sies mit Gott abtun und ihrem Herzen,   60
In England ist kein Richter über sie.

PAULET   Sie wird gerichtet, wo sie frevelte.

KENNEDY   Zum Freveln fesseln sie zu enge Bande.

PAULET   Doch wußte sie aus diesen engen Banden
Den Arm zu strecken in die Welt, die Fackel   65
Des Bürgerkrieges in das Reich zu schleudern,
Und gegen unsre Königin, die Gott
Erhalte! Meuchelrotten zu bewaffnen.
Erregte sie aus diesen Mauern nicht
Den Böswicht Parry und den Babington   70

---

[47] Vgl. S. 8   [48] Die **Mediceerin** Katharina von Medici, Vgl. S. 8
[49] **In jeder Freuden Fülle** = in der Fülle aller Freuden   [51] **Flitter**
äußerlicher Besitz, besonders Schmuck, Luxus   [52] **lehrt** Bf. lernt
[56] **in sich gehen** sich prüfen   [63] = die **Bande,** die sie fesseln, sind zu
eng zum Freveln   [64-84] Schiller deutet die große Anzahl der
Verschwörungen an, die zu Marias Befreiung unternommen wurden.
Vgl. S. 10f.

Zu der verfluchten Tat des Königsmords?
Hielt dieses Eisengitter sie zurück,
Das edle Herz des Norfolk zu umstricken?
Für sie geopfert fiel das beste Haupt
Auf dieser Insel unterm Henkerbeil –   75
Und schreckte dieses jammervolle Beispiel
Die Rasenden zurück, die sich wetteifernd
Um ihrentwillen in den Abgrund stürzen?
Die Blutgerüste füllen sich für sie
Mit immer neuen Todesopfern an,   80
Und das wird nimmer enden, bis sie selbst,
Die Schuldigste, darauf geopfert ist.
– O Fluch dem Tag, da dieses Landes Küste
Gastfreundlich diese H e l e n a empfing.

KENNEDY   Gastfreundlich hätte England sie empfangen?   85
Die Unglückselige, die seit dem Tag,
Da sie den Fuß gesetzt in dieses Land,
Als eine Hilfeflehende, Vertriebne
Bei der Verwandten Schutz zu suchen kam,
Sich wider Völkerrecht und Königswürde   90
Gefangen sieht, in enger Kerkerhaft
Der Jugend schöne Jahre muß vertrauern. –
Die jetzt, nachdem sie alles hat erfahren,
Was das Gefängnis Bittres hat, gemeinen
Verbrechern gleich, vor des Gerichtes Schranken   95
Gefodert wird und schimpflich angeklagt
Auf Leib und Leben – eine Königin!

---

[78] **ihre(n)twillen**   [83] **dieses Landes Küste** poetisch: England als Insel.
Maria fuhr im Boot über einen Grenzfluß, also von Ufer zu Ufer.
[84] **Helena** schöne Tochter des Zeus, der sie in Gestalt eines Schwans
mit der Königin Leda zeugte. Gemahlin des Menelaos. Ihre Ent-
führung durch Paris rief den Trojanischen Krieg hervor. In einer
Reihe von Liebesaffären war sie teils die Verführerin, teils die
Verführte   [85-91] Vgl. S. 9   [95-97] Vgl. S. 11
[96] **fodern** altertümlich = fordern

PAULET Sie kam ins Land als eine Mörderin,
Verjagt von ihrem Volk, des Throns entsetzt,
Den sie mit schwerer Greueltat geschändet.   100
Verschworen kam sie gegen Englands Glück,
Der spanischen Maria blutge Zeiten
Zurück zu bringen, Engelland katholisch
Zu machen, an den Franzmann zu verraten.
Warum verschmähte sies, den Edinburger   105
Vertrag zu unterschreiben, ihren Anspruch
An England aufzugeben, und den Weg
Aus diesem Kerker schnell sich aufzutun
Mit einem Federstrich? Sie wollte lieber
Gefangen bleiben, sich mißhandelt sehn,   110
Als dieses Titels leerem Prunk entsagen.
Weswegen tat sie das? Weil sie den Ränken
Vertraut, den bösen Künsten der Verschwörung,
Und unheilspinnend diese ganze Insel
Aus ihrem Kerker zu erobern hofft.   115

KENNEDY Ihr spottet, Sir – Zur Härte fügt Ihr noch
Den bittern Hohn! Sie hegte solche Träume,
Die hier lebendig eingemauert lebt,
Zu der kein Schall des Trostes, keine Stimme
Der Freundschaft aus der lieben Heimat dringt,   120
Die längst kein Menschenangesicht mehr schaute,
Als ihrer Kerkermeister finstre Stirn,
Die erst seit kurzem einen neuen Wächter
Erhielt in Eurem rauhen Anverwandten,
Von neuen Stäben sich umgittert sieht –   125

98–140 fehlt Bf.   98–100 Vgl. S. 9   100–103 Maria kam als eine
Verjagte, hegte aber dabei keinerlei feindselige Absichten gegen
England. Paulet spricht hier die öffentliche Meinung nach, die von
Elisabeth hervorgerufen worden war   103 **Engelland** altertümlich
104 **Franzmann** verächtlicher Ausdruck   105–107 Vgl. S. 8
114 **unheilspinnend** vergleiche 132 *unheilbrütend*   124 **Anverwandter**
altertümlich = Verwandter

PAULET   Kein Eisengitter schützt vor ihrer List.
Weiß ich, ob diese Stäbe nicht durchfeilt,
Nicht dieses Zimmers Boden, diese Wände,
Von außen fest, nicht hohl von innen sind,
Und den Verrat einlassen, wenn ich schlafe?   130
Fluchvolles Amt, das mir geworden ist,
Die unheilbrütend Listige zu hüten.
Vom Schlummer jagt die Furcht mich auf, ich gehe
Nachts um, wie ein gequälter Geist, erprobe
Des Schlosses Riegel und der Wächter Treu,   135
Und sehe zitternd jeden Morgen kommen,
Der meine Furcht wahr machen kann. Doch wohl mir!
Wohl! Es ist Hoffnung, daß es bald nun endet.
Denn lieber möcht ich der Verdammten Schar
Wachstehend an der Höllenpforte hüten,   140
Als diese ränkevolle Königin.

KENNEDY   Da kommt sie selbst!

PAULET   Den Christus in der Hand,
Die Hoffart und die Weltlust in dem Herzen.

ZWEITER AUFTRITT

[*Maria im Schleier, ein Kruzifix in der Hand. Die Vorigen.*]

KENNEDY   [*ihr entgegen eilend.*]
O Königin! Man tritt uns ganz mit Füßen,
Der Tyrannei, der Härte wird kein Ziel,   145
Und jeder neue Tag häuft neue Leiden
Und Schmach auf dein gekröntes Haupt.

---

[131] **Fluchvoll** = fluchbeladen   **mir geworden** = mir gegeben worden

MARIA   Faß dich!
        Sag an, was neu geschehen ist?

KENNEDY   Sieh her!
        Dein Pult ist aufgebrochen, deine Schriften,
        Dein einzger Schatz, den wir mit Müh gerettet,   150
        Der letzte Rest von deinem Brautgeschmeide
        Aus Frankreich ist in seiner Hand. Du hast nun
        Nichts Königliches mehr, bist ganz beraubt.

MARIA   Beruhige dich, Hanna. Diese Flitter machen
        Die Königin nicht aus. Man kann uns niedrig   155
        Behandeln, nicht erniedrigen. Ich habe
        In England mich an viel gewöhnen lernen,
        Ich kann auch das verschmerzen. Sir, Ihr habt Euch
        Gewaltsam zugeeignet, was ich Euch
        Noch heut zu übergeben willens war.   160
        Bei diesen Schriften findet sich ein Brief,
        Bestimmt für meine königliche Schwester
        Von England – Gebt mir Euer Wort, daß Ihr
        Ihn redlich an sie selbst wollt übergeben,
        Und nicht in Burleighs ungetreue Hand.   165

PAULET Ich werde mich bedenken, was zu tun ist.

MARIA   Ihr sollt den Inhalt wissen, Sir. Ich bitte
        In diesem Brief um eine große Gunst –
        – Um eine Unterredung mit ihr selbst,
        Die ich mit Augen nie gesehn – Man hat mich   170
        Vor ein Gericht von Männern vorgefodert,
        Die ich als meines Gleichen nicht erkennen,
        Zu denen ich kein Herz mir fassen kann.
        Elisabeth ist meines Stammes, meines

---

[169] Maria bat tatsächlich um eine Unterredung; diese wurde aber nie
gewährt   [170f] Vgl. S. 11   [173] **sich ein Herz fassen** sich endlich
entschließen

Geschlechts und Ranges – Ihr allein, der Schwester, 175
Der Königin, der Frau kann ich mich öffnen.

PAULET Sehr oft, Mylady, habt Ihr Euer Schicksal
Und Eure Ehre Männern anvertraut,
Die Eurer Achtung minder würdig waren.

MARIA Ich bitte noch um eine zweite Gunst, 180
Unmenschlichkeit allein kann mir sie weigern.
Schon lange Zeit entbehr ich im Gefängnis
Der Kirche Trost, der Sakramente Wohltat,
Und die mir Kron und Freiheit hat geraubt,
Die meinem Leben selber droht, wird mir 185
Die Himmelstüre nicht verschließen wollen.

PAULET Auf Euren Wunsch wird der Dechant des Orts –

MARIA [unterbricht ihn lebhaft.]
Ich will nichts vom Dechanten. Einen Priester
Von meiner eignen Kirche fodre ich.
– Auch Schreiber und Notarien verlang ich, 190
Um meinen letzten Willen aufzusetzen.
Der Gram, das lange Kerkerelend nagt
An meinem Leben. Meine Tage sind
Gezählt, befürcht ich, und ich achte mich
Gleich einer Sterbenden. 195

PAULET   Da tut Ihr wohl,
Das sind Betrachtungen, die Euch geziemen.

MARIA Und weiß ich, ob nicht eine schnelle Hand
Des Kummers langsames Geschäft beschleunigt?

---

183 **Sakramente** in der katholischen Kirche alle heiligen Handlungen,
die Christus eingesetzt hat, z.B. Messe, Taufe, Ehe, Sterben   184 **die**
= diejenige, die (Elisabeth)   187 **Dechant** Geistlicher der anglikani-
schen Kirche   190 **Notarien** heute: Notare   197–202 fehlt Bf.

Ich will mein Testament aufsetzen, will
Verfügung treffen über das, was mein ist. 200

PAULET   Die Freiheit habt Ihr. Englands Königin
Will sich mit Eurem Raube nicht bereichern.

MARIA   Man hat von meinen treuen Kammerfrauen,
Von meinen Dienern mich getrennt – Wo sind sie?
Was ist ihr Schicksal? Ihrer Dienste kann ich 205
Entraten, doch beruhigt will ich sein,
Daß die Getreun nicht leiden und entbehren.

PAULET   Für Eure Diener ist gesorgt. [*Er will gehen.*]

MARIA   Ihr geht, Sir? Ihr verlaßt mich abermals,
Und ohne mein geängstigt fürchtend Herz 210
Der Qual der Ungewißheit zu entladen.
Ich bin, dank Eurer Späher Wachsamkeit,
Von aller Welt geschieden, keine Kunde
Gelangt zu mir durch diese Kerkermauern,
Mein Schicksal liegt in meiner Feinde Hand. 215
Ein peinlich langer Monat ist vorüber,
Seitdem die vierzig Kommissarien
In diesem Schloß mich überfallen, Schranken
Errichtet, schnell, mit unanständiger Eile,
Mich unbereitet, ohne Anwalts Hülfe, 220
Vor ein noch nie erhört Gericht gestellt,
Auf schlaugefaßte schwere Klagepunkte
Mich, die Betäubte, Überraschte, flugs
Aus dem Gedächtnis Rede stehen lassen –
Wie Geister kamen sie und schwanden wieder. 225

---

[206] **Entraten können** mit Genitiv – gehobener Ausdruck für:
auskommen ohne (do without)   [207] **Getreu(e)n** vgl. getreu (loyal)
[215-220] Vgl. S. 11   [217] **Kommissarien** Kommissare   [219] **Errichtet**
[haben]   [220] **unbereitet** = unvorbereitet   [221] **noch nie erhört** =
noch nie dagewesen   [222] **Auf . . . Rede stehen** = antworten auf
[223] **flugs** = sogleich

Seit diesem Tage schweigt mir jeder Mund,
Ich such umsonst in Eurem Blick zu lesen,
Ob meine Unschuld, meiner Freunde Eifer,
Ob meiner Feinde böser Rat gesiegt.
Brecht endlich Euer Schweigen – laßt mich wissen,   230
Was ich zu fürchten, was zu hoffen habe.

PAULET   [*nach einer Pause*]
Schließt Eure Rechnung mit dem Himmel ab.

MARIA   Ich hoff auf seine Gnade, Sir – und hoffe
Auf strenges Recht von meinen irdschen Richtern.

PAULET   Recht soll Euch werden. Zweifelt nicht daran.   235

MARIA   Ist mein Prozeß entschieden, Sir?

PAULET   Ich weiß nicht.

MARIA   Bin ich verurteilt?

PAULET   Ich weiß nichts, Mylady.

MARIA   Man liebt hier rasch zu Werk zu gehn. Soll mich
Der Mörder ü b e r f a l l e n wie die Richter?

PAULET   Denkt immerhin, es sei so, und er wird Euch   240
In beßrer Fassung dann als diese finden.

MARIA   Nichts soll mich in Erstaunen setzen, Sir,
Was ein Gerichtshof in Westminsterhall,
Den Burleighs Haß und Hattons Eifer lenkt,

---

²³⁵ **Recht soll Euch werden** = Die Justiz wird über Euch ein gerechtes
Urteil fällen   ²⁴¹ **diese** = die Richter   ²⁴⁴ Sir Christopher **Hatton,**
Lordkanzler und Großsiegelbewahrer. Schiller gibt das zweite Amt
Talbot

Zu urteln sich erdreiste – Weiß ich doch, 245
Was Englands Königin wagen darf zu tun.

PAULET   Englands Beherrscher brauchen nichts zu scheuen,
Als ihr Gewissen und ihr Parlament.
Was die Gerechtigkeit gesprochen, furchtlos,
Vor aller Welt wird es die Macht vollziehn. 250

DRITTER AUFTRITT

*[Die Vorigen. Mortimer, Paulets Neffe, tritt herein und
ohne der Königin einige Aufmerksamkeit zu bezeugen,
zu Paulet]*

MORTIMER   Man sucht Euch, Oheim.
*[Er entfernt sich auf eben die Weise. Die Königin bemerkt
es mit Unwillen und wendet sich zu Paulet, der ihm folgen
will]*

MARIA   Sir, noch eine Bitte.
Wenn Ihr mir was zu sagen habt – von Euch
Ertrag ich viel, ich ehre Euer Alter.
Den Übermut des Jünglings trag ich nicht,
Spart mir den Anblick seiner rohen Sitten. 255

PAULET   Was ihn Euch widrig macht, macht mir ihn wert.
Wohl ist es keiner von den weichen Toren,
Die eine falsche Weiberträne schmelzt –
Er ist gereist, kommt aus Paris und Reims,
Und bringt sein treu altenglisch Herz zurück, 260
Lady, an dem ist Eure Kunst verloren! *[Geht ab]*

---

²⁴⁵ **urteln** = urteilen   **erdreiste** = erdreisten mag (may dare)
²⁵⁴ **trag** = ertrage   ²⁵⁸ **schmelzt** = schmilzt

VIERTER AUFTRITT

[*Maria. Kennedy.*]

KENNEDY   Darf Euch der Rohe das ins Antlitz sagen!
          O es ist hart!

MARIA   [*in Nachdenken verloren*]
          Wir haben in den Tagen unsers Glanzes
          Dem Schmeichler ein zu willig Ohr geliehn,   265
          Gerecht ists, gute Kennedy, daß wir
          Des Vorwurfs ernste Stimme nun vernehmen.

KENNEDY   Wie? so gebeugt, so mutlos, teure Lady?
          Wart Ihr doch sonst so froh, Ihr pflegtet mich zu
          Und eher mußt ich Euern Flattersinn   [trösten.   270
          Als Eure Schwermut schelten.

MARIA   Ich erkenn ihn.
          Es ist der blutge Schatten König Darnleys,
          Der zürnend aus dem Gruftgewölbe steigt,
          Und er wird nimmer Friede mit mir machen,
          Bis meines Unglücks Maß erfüllet ist.   275

KENNEDY   Was für Gedanken –

MARIA   Du vergissest, Hanna –
          Ich aber hab ein getreu Gedächtnis –
          Der Jahrstag dieser unglückseligen Tat
          Ist heute abermals zurückgekehrt,
          Er ists, den ich mit Buß und Fasten feire.   280

---

270 **Flattersinn** leichtfertige, unbeständige Gesinnung   272 Vgl. S. 9
276–280 fehlt Bf.   278 Es stimmt beinahe. Darnley starb am 8.
Februar 1567, Maria am 8. Februar 1587. Das Drama beginnt zwei
Tage vorher. Man darf allerdings weder den Abstand von 20 Jahren
noch den Monat Februar ernst nehmen. Es ist Frühling, wenn die
Königinnen einander im Park begegnen   280 **Buß(e)**

KENNEDY Schickt endlich diesen bösen Geist zur Ruh.
Ihr habt die Tat mit jahrelanger Reu,
Mit schweren Leidensproben abgebüßt.
Die Kirche, die den Löseschlüssel hat
Für jede Schuld, der Himmel hat vergeben. 285

MARIA Frischblutend steigt die längst vergebne Schuld
Aus ihrem leichtbedeckten Grab empor!
Des Gatten rachefoderndes Gespenst
Schickt keines Messedieners Glocke, kein
Hochwürdiges in Priesters Hand zur Gruft. 290

KENNEDY Nicht Ihr habt ihn gemordet! Andre tatens!

MARIA Ich wußte drum. Ich ließ die Tat geschehn,
Und lockt ihn schmeichelnd in das Todesnetz.

KENNEDY Die Jugend mildert Eure Schuld. Ihr wart
So zarten Alters noch. 295

MARIA   So zart, und lud
Die schwere Schuld auf mein so junges Leben.

KENNEDY Ihr wart durch blutige Beleidigung
Gereizt und durch des Mannes Übermut,
Den Eure Liebe aus der Dunkelheit
Wie eine Götterhand hervorgezogen, 300

---

[282] **Reu(e)**   [284] **Löseschlüssel** = Die Absolution, die Lossprechung
von Sünde, ist der Schlüssel zum Himmel. Maria findet 286ff darin
keinen Trost, obwohl sie Katholikin ist. Das entspricht der
autonomen Ethik Kants und stellt bei Schiller eine hohe sittliche
Auszeichnung Marias dar   [290] **Hochwürdiges** = Hostie; Brot und
Wein, die der Gläubige bei der Kommunion als Leib und Blut
Christi zu sich nimmt   [295] **zarten Alters** = in zartem Alter, jung.
Tatsächlich war Maria 25. Vgl. Anm. 387   [297–320] Vgl. S. 9
[294–322] fehlt Bf.

Den Ihr durch Euer Brautgemach zum Throne
Geführt, mit Eurer blühenden Person
Beglückt und Eurer angestammten Krone.
Konnt er vergessen, daß sein prangend Los
Der Liebe großmutsvolle Schöpfung war?   305
Und doch vergaß ers, der Unwürdige!
Beleidigte mit niedrigem Verdacht,
Mit rohen Sitten Eure Zärtlichkeit,
Und widerwärtig wurd er Euren Augen.
Der Zauber schwand, der Euren Blick getäuscht,   310
Ihr floht erzürnt des Schändlichen Umarmung
Und gabt ihn der Verachtung preis – Und er –
Versucht' ers, Eure Gunst zurück zu rufen?
Bat er um Gnade? Warf er sich bereuend
Zu Euren Füßen, Besserung versprechend?   315
Trotz bot Euch der Abscheuliche – Der Euer
Geschöpf war, Euren König wollt er spielen,
Vor Euren Augen ließ er Euch den Liebling,
Den schönen Sänger Rizzio durchboren –
Ihr rächtet blutig nur die blutge Tat.   320

MARIA   Und blutig wird sie auch an mir sich rächen,
Du sprichst mein Urteil aus, da du mich tröstest.

KENNEDY   Da Ihr die Tat geschehn ließt, wart Ihr nicht
Ihr selbst, gehörtet Euch nicht selbst. Ergriffen
Hatt Euch der Wahnsinn blinder Liebesglut,   325
Euch unterjocht dem furchtbaren Verführer,
Dem unglückselgen Bothwell – Über Euch
Mit übermütgem Männerwillen herrschte
Der Schreckliche, der Euch durch Zaubertränke,
Durch Höllenkünste das Gemüt verwirrend   330
Erhitzte –

---

303 angestammt = erblich   **312 gabt ihn der Verachtung preis** =
machet ihn zum Gegenstand der Verachtung, vgl. 37f.   **323** Mellish
übersetzt: When you consented to this deed   **326ff** Vgl. S. 9

MARIA   Seine Künste waren keine andre,
Als seine Männerkraft und meine Schwachheit.

KENNEDY   Nein, sag ich. Alle Geister der Verdammnis
Mußt er zu Hülfe rufen, der dies Band
Um Eure hellen Sinne wob. Ihr hattet   335
Kein Ohr mehr für der Freundin Warnungsstimme,
Kein Aug für das, was wohlanständig war.
Verlassen hatte Euch die zarte Scheu
Der Menschen, Eure Wangen, sonst der Sitz
Schamhaft errötender Bescheidenheit,   340
Sie glühten nur vom Feuer des Verlangens.
Ihr warft den Schleier des Geheimnisses
Von Euch, des Mannes keckes Laster hatte
Auch Eure Blödigkeit besiegt, Ihr stelltet
Mit dreister Stirne Eure Schmach zur Schau.   345
Ihr ließt das königliche Schwert von Schottland
Durch ihn, den Mörder, dem des Volkes Flüche
Nachschallten, durch die Gassen Edinburgs,
Vor Euch hertragen im Triumph, umringtet
Mit Waffen Euer Parlament, und hier,   350
Im eignen Tempel der Gerechtigkeit,
Zwangt Ihr mit frechem Possenspiel die Richter,
Den Schuldigen des Mordes loszusprechen –
Ihr gingt noch weiter – Gott!

MARIA   Vollende nur!
Und reicht ihm meine Hand vor dem Altare!   355

KENNEDY   O laßt ein ewig Schweigen diese Tat
Bedecken! Sie ist schauderhaft, empörend,
Ist einer ganz Verlornen wert – Doch Ihr seid keine
Verlorne – ich kenn Euch ja, ich bins,
Die Eure Kindheit auferzogen. Weich   360
Ist Euer Herz gebildet, offen ists

---

³⁴⁴ **Blödigkeit** = Scheu, Schüchternheit   ³⁵² **Possenspiel** = Farce
³⁵⁵ **reicht(e)**

Der Scham – der Leichtsinn nur ist Euer Laster.
Ich wiederhol es, es gibt böse Geister,
Die in des Menschen unverwahrter Brust
Sich augenblicklich ihren Wohnplatz nehmen,   365
Die schnell in uns das Schreckliche begehn
Und zu der Höll entfliehend das Entsetzen
In dem befleckten Busen hinterlassen.
Seit dieser Tat, die Euer Leben schwärzt,
Habt Ihr nichts Lasterhaftes mehr begangen,   370
Ich bin ein Zeuge Eurer Besserung.
Drum fasset Mut! Macht Friede mit Euch selbst!
Was Ihr auch zu bereuen habt, in England
Seid Ihr nicht schuldig, nicht Elisabeth,
Nicht Englands Parlament ist Euer Richter.   375
Macht ists, die Euch hier unterdrückt, vor diesen
Anmaßlichen Gerichtshof dürft Ihr Euch
Hinstellen mit dem ganzen Mut der Unschuld.

MARIA   Wer kommt?
              [*Mortimer zeigt sich an der Türe*]

KENNEDY   Es ist der Neffe. Geht hinein.

FÜNFTER AUFTRITT

[*Die Vorigen. Mortimer scheu hereintretend.*]

MORTIMER   [*zur Amme*]
              Entfernt Euch, haltet Wache vor der Tür,   380
              Ich habe mit der Königin zu reden.

---

364 **unverwahrt** = unbeschützt   377 **Anmaßlich** Der Gerichtshof
maßte sich ein Urteil an in einer Sache, in welcher er nicht
zuständig war

MARIA   [*mit Ansehn*]
Hanna, du bleibst.

MORTIMER   Habt keine Furcht, Mylady. Lernt mich kennen.
[*Er überreicht ihr eine Karte*]

MARIA   [*sieht sie an und fährt bestürzt zurück*]
Ha! Was ist das?

MORTIMER   [*zur Amme*]   Geht, Dame Kennedy.
Sorgt, daß mein Oheim uns nicht überfalle!   385

MARIA   [*zur Amme, welche zaudert und die Königin
fragend ansieht*]
Geh! Geh! Tu was er sagt.
[*Die Amme entfernt sich mit Zeichen der
Verwunderung*]

SECHSTER AUFTRITT

[*Mortimer. Maria.*]

MARIA   Von meinem Oheim!
Dem Kardinal von Lothringen aus Frankreich!
[*Liest*]

---

385 überfallen = überraschen   **387** Herzog Karl von Guise, **Kardinal
von Lothringen** und Erzbischof von Reims, der Bruder von Marias
Mutter, starb schon 1574. Vgl. S. 8 Wir befinden uns im Jahre
1587. Maria war damals 19 Jahre gefangen und 44 Jahre alt, Elisabeth
53. Schiller macht keine genauen Angaben, läßt aber beide Frauen
erheblich jünger erscheinen. Dem Intendanten des Berliner
Hoftheaters schreibt er am 22. Juli 1800: „Maria ist in dem Stück
etwa 25 und Elisabeth höchstens 30 Jahre alt."

„Traut dem Sir Mortimer, der Euch dies bringt,
Denn keinen treuern Freund habt Ihr in England."
[Mortimern mit Erstaunen ansehend]
Ists möglich? Ists kein Blendwerk, das mich täuscht? 390
So nahe find ich einen Freund und wähnte mich
Verlassen schon von aller Welt – find ihn
In Euch, dem Neffen meines Kerkermeisters,
In dem ich meinen schlimmsten Feind –

MORTIMER *[sich ihr zu Füßen werfend]*　　　Verzeihung
Für diese verhaßte Larve, Königin, 395
Die mir zu tragen Kampf genug gekostet,
Doch der ichs danke, daß ich mich Euch nahen,
Euch Hülfe und Errettung bringen kann.

MARIA Steht auf – Ihr überrascht mich, Sir – Ich kann
So schnell nicht aus der Tiefe meines Elends 400
Zur Hoffnung übergehen – Redet, Sir –
Macht mir dies Glück begreiflich, daß ichs glaube.

MORTIMER *[steht auf]*
Die Zeit verrinnt. Bald wird mein Oheim hier sein,
Und ein verhaßter Mensch begleitet ihn.
Eh Euch ihr Schreckensauftrag überrascht, 405
Hört an, wie Euch der Himmel Rettung schickt.

MARIA Er schickt sie durch ein Wunder seiner Allmacht!

MORTIMER Erlaubt, daß ich von mir beginne.

MARIA　　　　　　　　　　　　　　Redet, Sir!

MORTIMER Ich zählte zwanzig Jahre, Königin,
In strengen Pflichten war ich aufgewachsen, 410

---

[390] **Blendwerk** Durch Zauber hervorgerufene Täuschung　[397] **der**
bezieht sich auf **Larve** 395

In finsterm Haß des Papsttums aufgesäugt,
Als mich die unbezwingliche Begierde
Hinaus trieb auf das feste Land. Ich ließ
Der Puritaner dumpfe Predigtstuben,
Die Heimat hinter mir, in schnellem Lauf   415
Durchzog ich Frankreich, das gepriesene
Italien mit heißem Wunche suchend.

Es war die Zeit des großen Kirchenfests,
Von Pilgerscharen wimmelten die Wege,
Bekränzt war jedes Gottesbild, es war,   420
Als ob die Menschheit auf der Wandrung wäre,
Wallfahrend nach dem Himmelreich – Mich selbst
Ergriff der Strom der glaubenvollen Menge,
Und riß mich in das Weichbild Roms –

Wie ward mir, Königin!   425
Als mir der Säulen Pracht und Siegesbogen
Entgegenstieg, des Kolosseums Herrlichkeit
Den Staunenden umfing, ein hoher Bildnergeist
In seine heitre Wunderwelt mich schloß!
Ich hatte nie der Künste Macht gefühlt,   430
Es haßt die Kirche, die mich auferzog,
Der Sinne Reiz, kein Abbild duldet sie,
Allein das körperlose Wort verehrend.
Wie wurde mir, als ich ins Innre nun
Der Kirchen trat, und die Musik der Himmel   435
Herunterstieg, und der Gestalten Fülle
Verschwenderisch aus Wand und Decke quoll,
Das Herrlichste und Höchste, gegenwärtig,
Vor den entzückten Sinnen sich bewegte,
Als ich sie selbst nun sah, die Göttlichen,   440
Den Gruß des Engels, die Geburt des Herrn,

---

[411] **aufgesäugt** (suckled) = erzogen   [413] **das feste Land** = das
Festland, der Kontinent   [420] **Gottesbild** shrine, holy image
[424] **Weichbild** = Stadtgrenzen   [428] **Bildnergeist** = künstlerischer
Geist   [440] **die Göttlichen** Figuren der heiligen Geschichte

Die heilge Mutter, die herabgestiegne
Dreifaltigkeit, die leuchtende Verklärung –
Als ich den Papst drauf sah in seiner Pracht
Das Hochamt halten und die Völker segnen.   445
O was ist Goldes, was Juwelen Schein,
Womit der Erde Könige sich schmücken!
Nur Er ist mit dem Göttlichen umgeben.
Ein wahrhaft Reich der Himmel ist sein Haus,
Denn nicht von dieser Welt sind diese Formen.   450

MARIA O schonet mein! Nicht weiter. Höret auf,
Den frischen Lebensteppich vor mir aus
Zu breiten – Ich bin elend und gefangen.

MORTIMER Auch ich wars, Königin! und mein Gefängnis
Sprang auf und frei auf einmal fühlte sich   455
Der Geist, des Lebens schönen Tag begrüßend.
Haß schwur ich nun dem engen dumpfen Buch,
Mit frischem Kranz die Schläfe mir zu schmücken,
Mich fröhlich an die Fröhlichen zu schließen.
Viel edle Schotten drängten sich an mich   460
Und der Franzosen muntre Landsmannschaften.
Sie brachten mich zu Eurem edeln Oheim,
Dem Kardinal von Guise – Welch ein Mann!
Wie sicher, klar und männlich groß! – Wie ganz
Geboren, um die Geister zu regieren!   465
Das Muster eines königlichen Priesters,
Ein Fürst der Kirche, wie ich keinen sah!

MARIA Ihr habt sein teures Angesicht gesehn,
Des vielgeliebten, des erhabnen Mannes,
Der meiner zarten Jugend Führer war.   470
O redet mir von ihm. Denkt er noch mein?

---

[443] **Verklärung** = Transfiguration   [445] **Hochamt** = **Hohe Messe**
[448] **Er** der Papst   [451] **mein** [Genit.] heute Akkusativ [mich]
[457] **Buch** Book of Prayers; danach zu ergänzen: um . . . zu
[471] **mein** = an mich [vgl. 451]

Liebt ihn das Glück, blüht ihm das Leben noch,
Steht er noch herrlich da, ein Fels der Kirche?

MORTIMER Der Treffliche ließ selber sich herab,
Die hohen Glaubenslehren mir zu deuten,   475
Und meines Herzens Zweifel zu zerstreun.
Er zeigte mir, daß grübelnde Vernunft
Den Menschen ewig in der Irre leitet,
Daß seine Augen sehen müssen, was
Das Herz soll glauben, daß ein sichtbar Haupt   480
Der Kirche not tut, daß der Geist der Wahrheit
Geruht hat auf den Sitzungen der Väter.
Die Wahnbegriffe meiner kindschen Seele,
Wie schwanden sie vor seinem siegenden
Verstand und vor der Suada seines Mundes!   485
Ich kehrte in der Kirche Schoß zurück,
Schwur meinen Irrtum ab in seine Hände.

MARIA So seid Ihr einer jener Tausende,
Die er mit seiner Rede Himmelskraft
Wie der erhabne Prediger des Berges   490
Ergriffen und zum ewgen Heil geführt!

MORTIMER Als ihn des Amtes Pflichten bald darauf
Nach Frankreich riefen, sandt er mich nach Reims,
Wo die Gesellschaft Jesu, fromm geschäftig,

---

[474] **sich herablassen** condescend   [475] **Glaubenslehren** Dogmen
[477] **Vernunft** und Natur sind in der Aufklärung zentrale positive
Mächte. Schiller verbindet sie in seinen historischen Schriften mit der
Reformation [der „Verbesserung der Religion"] und mit politischer
Freiheit. Die Gegenbegriffe sind Despotismus, Unnatur, Sinnlichkeit
und der katholische Aberglaube   [481] **not tut** = notwendig ist   [482]
Sitzungen der Väter die ersten Konzilien der Kirche   [484] **(ver)schwan-
den**   [485] **Suada** geschickt geführte, strömende Rede   [490] **des Berges**
Hindeutung auf die Bergpredigt [Sermon on the Mount]
[494] **Gesellschaft Jesu** Jesuitenorden Vgl. S. 10

40

Für Englands Kirche Priester auferzieht. 495
Den edeln Schotten Morgan fand ich hier,
Auch Euren treuen Leßley, den gelehrten
Bischof von Roße, die auf Frankreichs Boden
Freudlose Tage der Verbannung leben –
Eng schloß ich mich an diese Würdigen, 500
Und stärkte mich im Glauben – Eines Tags,
Als ich mich umsah in des Bischofs Wohnung,
Fiel mir ein weiblich Bildnis in die Augen,
Von rührend wundersamem Reiz, gewaltig
Ergriff es mich in meiner tiefsten Seele, 505
Und des Gefühls nicht mächtig stand ich da.
Da sagte mir der Bischof: Wohl mit Recht
Mögt Ihr gerührt bei diesem Bilde weilen.
Die schönste aller Frauen, welche leben,
Ist auch die jammernswürdigste von allen, 510
Um unsers Glaubens willen duldet sie,
Und Euer Vaterland ists, wo sie leidet.

MARIA   Der Redliche! Nein, ich verlor nicht alles,
Da solcher Freund im Unglück mir geblieben.

MORTIMER   Drauf fing er an, mit herzerschütternder 515
Beredsamkeit mir Euer Märtyrtum
Und Eurer Feinde Blutgier abzuschildern.
Auch Euern Stammbaum wies er mir, er zeigte
Mir Eure Abkunft von dem hohen Hause
Der Tudor, überzeugte mich, daß Euch 520
Allein gebührt in Engelland zu herrschen,
Nicht dieser Afterkönigin, gezeugt
In ehebrecherischem Bett, die Heinrich,
Ihr Vater, selbst verwarf als Bastardtochter.
Nicht seinem einzgen Zeugnis wollt ich traun, 525

496ff Vgl. S. 10   516 Das Motiv des **Märtyr(er)tums** ist historisch,
wird von Schiller jedoch nicht aufgenommen   518–524 Vgl. S. 6
Marias **Stammbaum** vgl. die Tafel am Ende des Buches

Ich holte Rat bei allen Rechtsgelehrten,
Viel alte Wappenbücher schlug ich nach,
Und alle Kundige, die ich befragte,
Bestätigten mir Eures Anspruchs Kraft.
Ich weiß nunmehr, daß Euer gutes Recht   530
An England Euer ganzes Unrecht ist,
Daß Euch dies Reich als Eigentum gehört,
Worin Ihr schuldlos als Gefangne schmachtet.

MARIA   O dieses unglücksvolle Recht! Es ist
Die einzge Quelle aller meiner Leiden.   535

MORTIMER   Um diese Zeit kam mir die Kunde zu,
Daß Ihr aus Talbots Schloß hinweggeführt,
Und meinem Oheim übergeben worden –
Des Himmels wundervolle Rettungshand
Glaubt ich in dieser Fügung zu erkennen,   540
Ein lauter Ruf des Schicksals war sie mir,
Das m e i n e n Arm gewählt, Euch zu befreien.
Die Freunde stimmen freudig bei, es gibt
Der Kardinal mir seinen Rat und Segen,
Und lehrt mich der Verstellung schwere Kunst.   545
Schnell ward der Plan entworfen, und ich trete
Den Rückweg an ins Vaterland, wo ich,
Ihr wißts, vor zehen Tagen bin gelandet.
              [*Er hält inne*]
Ich sah Euch, Königin – Euch selbst!
Nicht Euer Bild! – O welchen Schatz bewahrt   550
Dies Schloß! Kein Kerker! Eine Götterhalle,
Glanzvoller als der königliche Hof
Von England – O des Glücklichen, dem es
Vergönnt ist, eine Luft mit Euch zu atmen!

Wohl hat sie Recht, die Euch so tief verbirgt! 555
Aufstehen würde Englands ganze Jugend,

---

^{536} **Kunde** = Nachricht ^{545} **Verstellung** dissimulation; vgl. *Larve*
395   ^{553} **O des Glücklichen . . .!** altertümlicher Ausruf im Genitiv

Kein Schwert in seiner Scheide müßig bleiben,
Und die Empörung mit gigantischem Haupt
Durch diese Friedensinsel schreiten, sähe
Der Brite seine Königin!   560

MARIA   Wohl ihr!
Säh jeder Brite sie mit Euren Augen!

MORTIMER   Wär er, wie ich, ein Zeuge Eurer Leiden,
Der Sanftmut Zeuge und der edlen Fassung,
Womit Ihr das Unwürdige erduldet.
Denn geht Ihr nicht aus allen Leidensproben   565
Als eine Königin hervor? Raubt Euch   [glanze?
Des Kerkers Schmach von Eurem Schönheits-
Euch mangelt alles, was das Leben schmückt,
Und doch umfließt Euch ewig Licht und Leben.
Nie setz ich meinen Fuß auf diese Schwelle,   570
Daß nicht mein Herz zerrissen wird von Qualen,
Nicht von der Lust entzückt, Euch anzuschauen! –
Doch furchtbar naht sich die Entscheidung, wachsend
Mit jeder Stunde dringet die Gefahr,
Ich darf nicht länger säumen – Euch nicht länger   575
Das Schreckliche verbergen –

MARIA   Ist mein Urteil
Gefällt? Entdeckt mirs frei. Ich kann es hören.

MORTIMER   Es ist gefällt. Die zwei und vierzig Richter haben
Ihr S c h u l d i g ausgesprochen über Euch. Das Haus
Der Lords und der Gemeinen, die Stadt London   580
Bestehen heftig dringend auf des Urteils

562–572 Mortimer hat bisher seine persönlichen Ansichten
ausgesprochen; es waren die eines religiösen Schwärmers [vgl. 1275].
Jetzt spricht er aus, was jeder sehen kann, der **Zeuge** von Marias
Leiden ist, also auch der Zuschauer   575 **säumen** = warten
580 **die Gemeinen** the Commons; das Unterhaus

Vollstreckung, nur die Königin säumt noch,
– Aus arger List, daß man sie nötige,
Nicht aus Gefühl der Menschlichkeit und Schonung.

MARIA   [*mit Fassung*]
Sir Mortimer, Ihr überrascht mich nicht,   585
Erschreckt mich nicht. Auf solche Botschaft war ich
Schon längst gefaßt. Ich kenne meine Richter.
Nach den Mißhandlungen, die ich erlitten,
Begreif ich wohl, daß man die Freiheit mir
Nicht schenken kann – Ich weiß, wo man hinaus   590
In ewgem Kerker will man mich bewahren, [will.
Und meine Rache, meinen Rechtsanspruch
Mit mir verscharren in Gefängnisnacht.

MORTIMER   Nein, Königin – o nein! nein! Dabei steht man
Nicht still. Die Tyrannei begnügt sich nicht,   595
Ihr Werk nur halb zu tun. So lang Ihr lebt,
Lebt auch die Furcht der Königin von England.
Euch kann kein Kerker tief genug begraben,
Nur Euer Tod versichert ihren Thron.

MARIA   Sie könnt es wagen, mein gekröntes Haupt   600
Schmachvoll auf einen Henkerblock zu legen?

MORTIMER   Sie wird es wagen. Zweifelt nicht daran.

MARIA   Sie könnte so die eigne Majestät
Und aller Könige im Staube wälzen?
Und fürchtet sie die Rache Frankreichs nicht?   605

MORTIMER   Sie schließt mit Frankreich einen ewgen Frieden,
Dem Duc von Anjou schenkt sie Thron und Hand.

---

583 Deceitfully hoping that they will force her hand
vor 585 **Fassung** self-control, composure   590 **wo man hinaus will**
welche Absichten man hat   604 **Und (die Majestät) aller Könige**
605 **Und –** *Was?* Bf.   606f Schiller faßt zwei Heiratspläne
zusammen, Vgl. S. 7

MARIA   Wird sich der König Spaniens nicht waffnen?

MORTIMER   Nicht eine Welt in Waffen fürchtet sie,
             So lang sie Frieden hat mit ihrem Volke.   610

MARIA   Den Briten wollte sie dies Schauspiel geben?

MORTIMER   Dies Land, Mylady, hat in letzten Zeiten
             Der königlichen Frauen mehr vom Thron
             Herab aufs Blutgerüste steigen sehn.
             Die eigne Mutter der Elisabeth   615
             Ging diesen Weg, und Katharina Howard,
             Auch Lady Gray war ein gekröntes Haupt.

MARIA   [*nach einer Pause*]
             Nein, Mortimer! Euch blendet eitle Furcht.
             Es ist die Sorge Eures treuen Herzens,
             Die Euch vergebne Schrecknisse erschafft.   620
             Nicht das Schafott ists, das ich fürchte, Sir.
             Es gibt noch andre Mittel, stillere,
             Wodurch sich die Beherrscherin von England
             Vor meinem Anspruch Ruhe schaffen kann.
             Eh sich ein Henker für mich findet, wird   625
             Noch eher sich ein Mörder dingen lassen.
             – Das ists, wovor ich zittre, Sir! und nie
             Setz ich des Bechers Rand an meine Lippen,
             Daß nicht ein Schauder mich ergreift, er könnte
             Kredenzt sein von der Liebe meiner Schwester.   630

MORTIMER   Nicht offenbar noch heimlich solls dem Mord
             Gelingen, Euer Leben anzutasten.
             Seid ohne Furcht! Bereitet ist schon alles,
             Zwölf edle Jünglinge des Landes sind
             In meinem Bündnis, haben heute früh   635
             Das Sakrament darauf empfangen, Euch

612–617 Vgl. S. 6   626 **dingen** gegen Lohn in Dienst nehmen
630 **kredenzen** = anbieten, servieren

Mit starkem Arm aus diesem Schloß zu führen.
Graf Aubespine, der Abgesandte Frankreichs,
Weiß um den Bund, er bietet selbst die Hände,
Und sein Palast ists, wo wir uns versammeln.   640

MARIA   Ihr macht mich zittern, Sir – doch nicht für Freude.
Mir fliegt ein böses Ahnden durch das Herz.
Was unternehmt ihr? Wißt ihrs? Schrecken euch
Nicht Babingtons, nicht Tichburns blutge Häupter,
Auf Londons Brücke warnend aufgesteckt,   645
Nicht das Verderben der Unzähligen,
Die ihren Tod in gleichem Wagstück fanden,
Und meine Ketten schwerer nur gemacht?
Unglücklicher, verführter Jüngling – flieht!
Flieht, wenns noch Zeit ist – wenn der Späher   650
              [Burleigh
Nicht jetzt schon Kundschaft hat von euch, nicht schon
In eure Mitte den Verräter mischte.
Flieht aus dem Reiche schnell! Marien Stuart
Hat noch kein Glücklicher beschützt.

MORTIMER   Mich schrecken
Nicht Babingtons, nicht Tichburns blutge Häupter,   655
Auf Londons Brücke warnend aufgesteckt,
Nicht das Verderben der unzählgen andern,
Die ihren Tod in gleichem Wagstück fanden,
Sie fanden auch darin den ewgen Ruhm,
Und Glück schon ists, für Eure Rettung sterben.   660

MARIA   Umsonst! Mich rettet nicht Gewalt, nicht List.
Der Feind ist wachsam und die Macht ist sein.
Nicht Paulet nur und seiner Wächter Schar,
Ganz England hütet meines Kerkers Tore.

---

⁶⁴⁴ Vgl. S. 11   ⁶⁴³⁻⁶⁴⁷, ⁶⁵⁴⁻⁶⁵⁸ Wiederholung wie bei Homer,
wirkt hier opernhaft   ⁶⁵³ **Marien** altertümlicher Akkusativ
⁶⁶¹⁻⁶⁶⁶ Umsonst! Mich rettet nicht Gewalt. Nur List Kann meines
Kerkers Tore mir eröffnen. Bf.

Der freie Wille der Elisabeth allein   665
Kann sie mir auftun.

MORTIMER   Oh das hoffet nie!

MARIA   Ein einzger Mann lebt, der sie öffnen kann.

MORTIMER   O nennt mir diesen Mann –

MARIA   Graf Leicester.

MORTIMER   [*tritt erstaunt zurück*]   Leicester!
Graf Leicester! – Euer blutigster Verfolger,
Der Günstling der Elisabeth – von diesem –   670

MARIA   Bin ich zu retten, ists allein durch ihn.
– Geht zu ihm. Öffnet Euch ihm frei.
Und zur Gewähr, daß i c h s bin, die Euch sendet,
Bringt ihm dies Schreiben. Es enthält mein Bildnis.
[*Sie zieht ein Papier aus dem Busen, Mortimer
tritt zurück und zögert, es anzunehmen*]
Nehmt hin. Ich trag es lange schon bei mir,   675
Weil Eures Oheims strenge Wachsamkeit
Mir jeden Weg zu ihm gehemmt – Euch sandte
Mein guter Engel –

MORTIMER   Königin – dies Rätsel –
Erklärt es mir –

MARIA   Graf Leicester wirds Euch lösen.
Vertraut ihm, er wird Euch vertraun – Wer kommt?   680

KENNEDY   [*eilfertig eintretend*]
Sir Paulet naht mit einem Herrn vom Hofe.

MORTIMER   Es ist Lord Burleigh. Faßt Euch, Königin!
Hört es mit Gleichmut an, was er Euch bringt.

[Er entfernt sich durch eine Seitentür, Kennedy folgt ihm]

SIEBENTER AUFTRITT

[Maria. Lord Burleigh, Großschatzmeister von England, und Ritter Paulet.]

PAULET   Ihr wünschtet heut Gewißheit Eures Schicksals,
Gewißheit bringt Euch Seine Herrlichkeit,   685
Mylord von Burleigh. Tragt sie mit Ergebung.

MARIA   Mit Würde, hoff ich, die der Unschuld ziemt.

BURLEIGH   Ich komme als Gesandter des Gerichts.

MARIA   Lord Burleigh leiht dienstfertig dem Gerichte,
Dem er den Geist geliehn, nun auch den Mund.   690

PAULET   Ihr sprecht, als wüßtet Ihr bereits das Urteil.

MARIA   Da es Lord Burleigh bringt, so weiß ich es.
– Zur Sache, Sir.

---

[685] **Seine Herrlichkeit** His Lordship   [686] Sir William Cecil wurde
1571 Lord Burleigh. Bis zu seinem Tode 1598 war er Elisabeths
ergebenster und vertrautester Berater, obwohl er nach Marias
Hinrichtung vorübergehend verbannt wurde [vgl. 4007]
[691] Tatsächlich ist Maria durch Mortimer auf das Äußerste
vorbereitet, wenn sie es auch nicht glauben wollte [599–620]. Dieser
Umstand motiviert ihr gefaßtes Auftreten. Im folgenden sind ihre
Argumente ungefähr dieselben, die sie historisch vor Gericht anführte

BURLEIGH　　　　　　　　Ihr habt Euch dem Gericht
Der Zweiundvierzig unterworfen, Lady –

MARIA　Verzeiht, Mylord, daß ich Euch gleich zu Anfang　　695
Ins Wort muß fallen – Unterworfen hätt ich mich
Dem Richterspruch der Zweiundvierzig, sagt Ihr?
Ich habe keineswegs mich unterworfen.
Nie konnt ich das – ich konnte meinem Rang,
Der Würde meines Volks und meines Sohnes　　700
Und aller Fürsten nicht so viel vergeben.
Verordnet ist im englischen Gesetz,
Daß jeder Angeklagte durch Geschworne
Von seines Gleichen soll gerichtet werden.
Wer in der Committee ist meines Gleichen?　　705
Nur Könige sind meine Peers.

BURLEIGH　　　　　　　　　　　Ihr hörtet
Die Klagartikel an, ließt Euch darüber
Vernehmen vor Gerichte –

MARIA　　　　　　　　　　Ja, ich habe mich
Durch Hattons arge List verleiten lassen,
Bloß meiner Ehre wegen, und im Glauben　　710
An meiner Gründe siegende Gewalt,
Ein Ohr zu leihen jenen Klagepunkten
Und ihren Ungrund darzutun – Das tat ich
Aus Achtung für die würdigen Personen
Der Lords, nicht für ihr Amt, das ich verwerfe.　　715

BURLEIGH　Ob Ihr sie anerkennt, ob nicht, Mylady,
Das ist nur eine leere Förmlichkeit,
Die des Gerichtes Lauf nicht hemmen kann.

---

[696] **Ins Wort fallen** unterbrechen　　[700] Marias Sohn wird in Bf. nicht
genannt. Vgl. S. 7　　[701] **so viel vergeben** so far forfeit　　[705] **die
Committee** heute: das Komitee　　[711] **Gründe** = Argumente
[713] **Ungrund** Mangel an Beweiskraft　　[715] **verwerfe** repudiate

Ihr atmet Englands Luft, genießt den Schutz,
Die Wohltat des Gesetzes, und so seid Ihr   720
Auch seiner Herrschaft untertan!

MARIA   Ich atme
Die Luft in einem englischen Gefängnis.
Heißt das in England leben, der Gesetze
Wohltat genießen? Kenn ich sie doch kaum.
Nie hab ich eingewilligt, sie zu halten.   725
Ich bin nicht dieses Reiches Bürgerin,
Bin eine freie Königin des Auslands.

BURLEIGH   Und denkt Ihr, daß der königliche Name
Zum Freibrief dienen könne, blutge Zwietracht
In fremdem Lande straflos auszusäen?   730
Wie stünd es um die Sicherheit der Staaten,
Wenn das gerechte Schwert der Themis nicht
Die schuldge Stirn des königlichen Gastes
Erreichen könnte, wie des Bettlers Haupt?

MARIA   Ich will mich nicht der Rechenschaft entziehn,   735
Die Richter sind es nur, die ich verwerfe.

BURLEIGH   Die Richter! Wie, Mylady? Sind es etwa
Vom Pöbel aufgegriffene Verworfne,
Schamlose Zungendrescher, denen Recht
Und Wahrheit feil ist, die sich zum Organ   740
Der Unterdrückung willig dingen lassen?
Sinds nicht die ersten Männer dieses Landes,
Selbständig gnug, um wahrhaft sein zu dürfen,
Um über Fürstenfurcht und niedrige
Bestechung weit erhaben sich zu sehn?   745
Sinds nicht dieselben, die ein edles Volk

719–730 fehlt Bf.   727 **eine freie Königin des Auslands** Vgl. S. 11
732 **Themis** griechische Göttin der Gerechtigkeit   739 **Zungendrescher**
= Schwätzer   741 **dingen** = erkaufen (vgl. 626 und 778)

Frei und gerecht regieren, deren Namen
Man nur zu nennen braucht, um jeden Zweifel,
Um jeden Argwohn schleunig stumm zu machen?
An ihrer Spitze steht der Völkerhirte,   750
Der fromme Primas von Canterbury,
Der weise Talbot, der des Siegels wahret,
Und Howard, der des Reiches Flotten führt.
Sagt! Konnte die Beherrscherin von England
Mehr tun, als aus der ganzen Monarchie   755
Die Edelsten auslesen und zu Richtern
In diesem königlichen Streit bestellen?
Und wärs zu denken, daß Parteienhaß
Den Einzelnen bestäche – Können vierzig
Erlesne Männer sich in einem Spruche   760
Der Leidenschaft vereinigen?

MARIA [*nach einigem Stillschweigen*]
Ich höre staunend die Gewalt des Mundes,
Der mir von je so unheilbringend war –
Wie werd ich mich, ein ungelehrtes Weib,
Mit so kunstfertgem Redner messen können! –   765
Wohl! wären diese Lords, wie Ihr sie schildert,
Verstummen müßt ich, hoffnungslos verloren
Wär meine Sache, sprächen sie mich schuldig.
Doch diese Namen, die Ihr preisend nennt,
Die mich durch ihr Gewicht zermalmen sollen,   770
Mylord, ganz andere Rollen seh ich sie
In den Geschichten dieses Landes spielen.
Ich sehe diesen hohen Adel Englands,
Des Reiches majestätischen Senat,
Gleich Sklaven des Serails den Sultanslaunen   775

---

[752] George **Talbot,** Earl of Shrewsbury, war nie Großsiegelbewahrer.
Schiller macht ihn dazu, um Personen zu sparen und um den
erfundenen mächtigen Fürsprecher Marias mit ihrem tatsächlichen
einstigen milden Bewacher zusammenzufassen
[750–753, 758–798] fehlt Bf.   [775] **Serail** = der Harem

Heinrichs des Achten, meines Großohms,
Ich sehe dieses edle Oberhaus,   [schmeicheln –
Gleich feil mit den erkäuflichen Gemeinen,
Gesetze prägen und verrufen, Ehen
Auflösen, binden, wie der Mächtige   780
Gebietet, Englands Fürstentöchter heute
Enterben, mit dem Bastardnamen schänden,
Und morgen sie zu Königinnen krönen.
Ich sehe diese würdgen Peers mit schnell
Vertauschter Überzeugung unter v i e r   785
Regierungen den Glauben v i e r m a l ändern –

BURLEIGH   Ihr nennt Euch fremd in Englands Reichsgesetzen,
In Englands Unglück seid Ihr sehr bewandert.

MARIA   Und das sind meine Richter! – Lord Schatzmeister!
Ich will gerecht sein gegen Euch! Seid Ihrs   790
Auch gegen mich – Man sagt, Ihr meint es gut
Mit diesem Staat, mit Eurer Königin,
Seid unbestechlich, wachsam, unermüdet –
Ich will es glauben. Nicht der eigne Nutzen
Regiert Euch, Euch regiert allein der Vorteil   795
Des Souveräns, des Landes. Eben darum
Mißtraut Euch, edler Lord, daß nicht der Nutzen
Des Staats Euch als Gerechtigkeit erscheine.
Nicht zweifl ich dran, es sitzen neben Euch
Noch edle Männer unter meinen Richtern.   800
Doch sie sind P r o t e s t a n t e n, Eiferer
Für Englands Wohl, und sprechen über mich,
Die Königin von Schottland, die Papistin!
Es kann der Brite gegen den Schotten nicht
Gerecht sein, ist ein uralt Wort – Drum ist   805
Herkömmlich seit der Väter grauen Zeit,
Daß vor Gericht kein Brite gegen den Schotten,

---

⁷⁷⁸ **feil** = verkäuflich [vgl. Anm. 741]   ^{778–783} Vgl. S. 6
^{784–786} Vgl. S. 7   ⁷⁸⁸ **bewandert sein** = Bescheid wissen

Kein Schotte gegen jenen zeugen darf.
Die Not gab dieses seltsame Gesetz,
Ein tiefer Sinn wohnt in den alten Bräuchen,   810
Man muß sie ehren, Mylord – die Natur
Warf diese beiden feurgen Völkerschaften
Auf dieses Brett im Ozean, ungleich
Verteilte sies, und hieß sie darum kämpfen.
Der Tweede schmales Bette trennt allein   815
Die heftgen Geister, oft vermischte sich
Das Blut der Kämpfenden in ihren Wellen.
Die Hand am Schwerte, schauen sie sich drohend
Von beiden Ufern an, seit tausend Jahren.
Kein Feind bedränget Engelland, dem nicht   820
Der Schotte sich zum Helfer zugesellte,
Kein Bürgerkrieg entzündet Schottlands Städte,
Zu dem der Brite nicht den Zunder trug.
Und nicht erlöschen wird der Haß, bis endlich
Ein Parlament sie brüderlich vereint,   825
Ein Zepter waltet durch die ganze Insel.

BURLEIGH   Und eine Stuart sollte dieses Glück
Dem Reich gewähren?

MARIA   Warum soll ichs leugnen?
Ja ich gestehs, daß ich die Hoffnung nährte,
Zwei edle Nationen unterm Schatten   830
Des Ölbaums frei und fröhlich zu vereinen.
Nicht ihres Völkerhasses Opfer glaubt ich
Zu werden; ihre lange Eifersucht,
Der alten Zwietracht unglückselge Glut
Hofft ich auf ewge Tage zu ersticken,   835
Und wie mein Ahnherr Richmond die zwei Rosen

---

823 **Zunder** = Zündstoff   825f Marias Worte weisen voraus auf die
Vereinigung der Kronen 1603 und der Parlamente 1707 von
England und Schottland; vgl. S. 7   831 **Ölbaum** Symbol des Friedens
836–838 fehlt Bf. Vgl. S. 6

Zusammenband nach blutgem Streit, die Kronen
Schottland und England friedlich zu vermählen.

BURLEIGH   Auf schlimmem Weg verfolgtet Ihr dies Ziel,
Da Ihr das Reich entzünden, durch die Flammen   840
Des Bürgerkriegs zum Throne steigen wolltet.

MARIA   Das wollt ich nicht – beim großen Gott des Himmels!
Wann hätt ich das gewollt? Wo sind die Proben?

BURLEIGH   Nicht Streitens wegen kam ich her. Die Sache
Ist keinem Wortgefecht mehr unterworfen.   845
Es ist erkannt durch vierzig Stimmen gegen zwei,
Daß Ihr die Akte vom vergangnen Jahr
Gebrochen, dem Gesetz verfallen seid.
Es ist verordnet im vergangnen Jahr:
„Wenn sich Tumult im Königreich erhübe,   850
Im Namen und zum Nutzen irgend einer
Person, die Rechte vorgibt an die Krone,
Daß man gerichtlich gegen sie verfahre,
Bis in den Tod die schuldige verfolge" –
Und da bewiesen ist –   855

MARIA   Mylord von Burleigh!
Ich zweifle nicht, daß ein Gesetz, ausdrücklich
Auf m i c h gemacht, verfaßt, mich zu verderben,
Sich gegen mich wird brauchen lassen – Wehe
Dem armen Opfer, wenn derselbe Mund,
Der das Gesetz gab, auch das Urteil spricht!   860
Könnt Ihr es leugnen, Lord, daß jene Akte
Zu meinem Untergang ersonnen ist?

---

843 **Proben** hier: Beweise [vgl. 875]   847 die **Akte** [Wortlaut 850–854]
von 1585 [vgl. S. 11]. Der Ausdruck *vom vergangnen Jahr* stimmte
also bei der Eröffnung des Prozesses 1586, aber nicht mehr 1587, im
Jahr der Hinrichtung. Der Ausdruck erscheint in den Quellen und ist
nun Zeichen eilfertiger Willkür   847–866 fehlt Bf.

BURLEIGH   Zu Eurer Warnung sollte sie gereichen,
Zum Fallstrick habt Ihr selber sie gemacht.
Den Abgrund saht Ihr, der vor Euch sich auftat,   865
Und treugewarnet stürztet Ihr hinein.
Ihr wart mit Babington, dem Hochverräter,
Und seinen Mordgesellen einverstanden,
Ihr hattet Wissenschaft von allem, lenktet
Aus Eurem Kerker planvoll die Verschwörung.   870

MARIA   Wann hätt ich das getan? Man zeige mir
Die Dokumente auf.

BURLEIGH   Die hat man Euch
Schon neulich vor Gerichte vorgewiesen.

MARIA   Die Kopien, von fremder Hand geschrieben!
Man bringe die Beweise mir herbei,   875
Daß ich sie selbst diktiert, daß ich sie s o
Diktiert, gerade so, wie man gelesen.

BURLEIGH   Daß es dieselben sind, die er empfangen,
Hat Babington vor seinem Tod bekannt.

MARIA   Und warum stellte man ihn mir nicht lebend   880
Vor Augen? Warum eilte man so sehr,
Ihn aus der Welt zu fördern, eh man ihn
Mir, Stirne gegen Stirne, vorgeführt?

BURLEIGH   Auch Eure Schreiber, Kurl und Nau, erhärten
Mit einem Eid, daß es die Briefe seien,   885
Die sie aus Eurem Munde niederschrieben.

---

[864] **Fallstrick** = Falle   [869] **Wissenschaft** heute: Kunde, Information
[874] **Kopien** Das Metrum fordert Betonung des *o*. Die natürliche
Betonung von *i* durchbricht also das Taktschema, hebt damit aber
gerade die Erregung hervor, mit welcher Maria das Wort ausruft.
Maria bezeichnete vor Gericht beide Schreiber als eidbrüchig

MARIA   Und auf das Zeugnis meiner Hausbedienten
        Verdammt man mich? Auf Treu und Glauben derer,
        Die mich verraten, ihre Königin,
        Die in demselben Augenblick die Treu   890
        Mir brachen, da sie gegen mich gezeugt?

BURLEIGH   Ihr selbst erklärtet sonst den Schotten Kurl
           Für einen Mann von Tugend und Gewissen.

MARIA   So kannt ich ihn – doch eines Mannes Tugend
        Erprobt allein die Stunde der Gefahr.   895
        Die Folter konnt ihn ängstigen, daß er
        Aussagte und gestand, was er nicht wußte!
        Durch falsches Zeugnis glaubt' er sich zu retten,
        Und mir, der Königin, nicht viel zu schaden.

BURLEIGH   Mit einem freien Eid hat ers beschworen.   900

MARIA   Vor meinem Angesichte nicht! – Wie, Sir?
        Das sind zwei Zeugen, die noch beide leben!
        Man stelle sie mir gegenüber, lasse sie
        Ihr Zeugnis mir ins Antlitz wiederholen!
        Warum mir eine Gunst, ein Recht verweigern,   905
        Das man dem Mörder nicht versagt? Ich weiß
        Aus Talbots Munde, meines vorgen Hüters,
        Daß unter dieser nämlichen Regierung
        Ein Reichsschluß durchgegangen, der befiehlt,
        Den Kläger dem Beklagten vorzustellen.   910
        Wie? Oder hab ich falsch gehört? – Sir Paulet!
        Ich hab Euch stets als Biedermann erfunden,

890f. weil sie ihr geschworen hatten, ihre Heimlichkeiten nicht zu
verraten. Trotzdem bedachte sie beide im Testament. Daß Kurl seine
Aussage später widerruft [1339–1346], ist erfunden. Fehlt Bf. Vgl.
S. 11   909 **ein Reichsschluß durchgegangen** eine Akte zum Gesetz
erhoben   910 **vorstellen** hier: gegenüberstellen   912 **Biedermann**
ehrlicher Mann

Beweist es jetzo. Sagt mir auf Gewissen,
Ists nicht so? Gibts kein solch Gesetz in England?

PAULET So ists, Mylady. Das ist bei uns Rechtens.   915
Was wahr ist, muß ich sagen.

MARIA   Nun, Mylord!
Wenn man mich denn so streng nach englischem Recht
Behandelt, wo dies Recht mich unterdrückt,
Warum dasselbe Landesrecht umgehen,
Wenn es mir Wohltat werden kann? – Antwortet!   920
Warum ward Babington mir nicht vor Augen
Gestellt, wie das Gesetz befiehlt? Warum
Nicht meine Schreiber, die noch beide leben?

BURLEIGH Ereifert Euch nicht, Lady. Euer Einverständnis
Mit Babington ists nicht allein –   925

MARIA   Es ists
Allein, was mich dem Schwerte des Gesetzes
Bloßstellt, wovon ich mich zu reingen habe.
Mylord! Bleibt bei der Sache. Beugt nicht aus.

BURLEIGH Es ist bewiesen, daß Ihr mit Mendoza,
Dem spanischen Botschafter, unterhandelt –   930

MARIA [lebhaft]
Bleibt bei der Sache, Lord!

BURLEIGH   Daß Ihr Anschläge
Geschmiedet, die Religion des Landes

---

915 **Rechtens** = gesetzlich   915f. Paulet hat historisch nur halb
Recht. Ein derartiges Gesetz war kürzlich eingeführt worden, jedoch
nicht für Fälle von Hochverrat gültig   928 **Beugt nicht aus** heute:
Weicht nicht aus!   929f. Mendoza wurde deshalb 1584 des Landes
verwiesen und zum Botschafter in Frankreich ernannt   932 **Anschläge
geschmiedet** Anschläge geplant und vorbereitet

Zu stürzen, alle Könige Europens
Zum Krieg mit England aufgeregt –

MARIA   Und wenn ichs
Getan? Ich hab es nicht getan – Jedoch   935
Gesetzt, ich tats! – Mylord, man hält mich hier
Gefangen wider alle Völkerrechte.
Nicht mit dem Schwerte kam ich in dies Land,
Ich kam herein, als eine Bittende,
Das heilge Gastrecht fodernd, in den Arm   940
Der blutsverwandten Königin mich werfend –
Und so ergriff mich die Gewalt, bereitete
Mir Ketten, wo ich Schutz gehofft – Sagt an!
Ist mein Gewissen gegen diesen Staat
Gebunden? Hab ich Pflichten gegen England?   945
Ein heilig Zwangsrecht üb ich aus, da ich
Aus diesen Banden strebe, Macht mit Macht
Abwende, alle Staaten dieses Weltteils
Zu meinem Schutz aufrühre und bewege.
Was irgend nur in einem guten Krieg   950
Recht ist und ritterlich, das darf ich üben.
Den Mord allein, die heimlich blutge Tat,
Verbietet mir mein Stolz und mein Gewissen,
Mord würde mich beflecken und entehren.
Entehren sag ich – keinesweges mich   955
Verdammen, einem Rechtsspruch unterwerfen.
Denn nicht vom Rechte, von Gewalt allein
Ist zwischen mir und Engelland die Rede.

BURLEIGH [bedeutend]
Nicht auf der Stärke schrecklich Recht beruft Euch,
Mylady! Es ist der Gefangenen nicht günstig.   960

MARIA Ich bin die Schwache, sie die Mächtge – Wohl!

---

946 **Zwangsrecht** das Recht, sich gegen Zwang, Gewalt zu verteidigen
959 **der Stärke . . . Recht** vgl. „das Recht des Stärkeren"

Sie brauche die Gewalt, sie töte mich,
Sie bringe ihrer Sicherheit das Opfer.
Doch sie gestehe dann, daß sie die Macht
Allein, nicht die Gerechtigkeit geübt.   965
Nicht vom Gesetze borge sie das Schwert,
Sich der verhaßten Feindin zu entladen,
Und kleide nicht in heiliges Gewand
Der rohen Stärke blutiges Erkühnen.
Solch Gaukelspiel betrüge nicht die Welt!   970
Ermorden lassen kann sie mich, nicht richten!
Sie geb es auf, mit des Verbrechens Früchten
Den heilgen Schein der Tugend zu vereinen,
Und was sie ist, das wage sie zu scheinen!
[*Sie geht ab*]

ACHTER AUFTRITT

[*Burleigh. Paulet.*]

BURLEIGH   Sie trotzt uns – wird uns trotzen, Ritter Paulet,   975
Bis an die Stufen des Schafotts – Dies stolze Herz
Ist nicht zu brechen – Überraschte sie
Der Urtelspruch? Saht Ihr sie eine Träne
Vergießen? Ihre Farbe nur verändern?
Nicht unser Mitleid ruft sie an. Wohl kennt sie   980
Den Zweifelmut der Königin von England,
Und unsre Furcht ists, was sie mutig macht.
PAULET   Lord Großschatzmeister! Dieser eitle Trotz wird schnell
Verschwinden, wenn man ihm den Vorwand raubt.

962ff. **Sie brauche, ... töte** ... "let her use, kill . . ."   970 das
Gaukelspiel = die Farce   978 das **Urte(i)l**   981 der **Zweifelmut**
Mangel an Entschlossenheit

59

Es sind Unziemlichkeiten vorgegangen 985
In diesem Rechtstreit, wenn ichs sagen darf.
Man hätte diesen Babington und Tichburn
Ihr in Person vorführen, ihre Schreiber
Ihr gegenüber stellen sollen.

BURLEIGH [*schnell*]   Nein!
Nein, Ritter Paulet! Das war nicht zu wagen. 990
Zu groß ist ihre Macht auf die Gemüter
Und ihrer Tränen weibliche Gewalt.
Ihr Schreiber Kurl, ständ er ihr gegenüber,
Käm es dazu, das Wort nun auszusprechen,
An dem ihr Leben hängt – er würde zaghaft 995
Zurückziehn, sein Geständnis widerrufen –

PAULET   So werden Englands Feinde alle Welt
Erfüllen mit gehässigen Gerüchten,
Und des Prozesses festliches Gepräng
Wird als ein kühner Frevel nur ercheinen. 1000

BURLEIGH   Dies ist der Kummer unsrer Königin –
Daß diese Stifterin des Unheils doch
Gestorben wäre, ehe sie den Fuß
Auf Englands Boden setzte!

PAULET   Dazu sag ich Amen.

BURLEIGH   Daß Krankheit sie im Kerker aufgerieben! 1005

PAULET   Viel Unglück hätt es diesem Land erspart.

BURLEIGH   Doch hätt auch gleich ein Zufall der Natur
Sie hingerafft – Wir hießen doch die Mörder.

---

⁹⁹⁹ das **Gepränge** die Pracht, der Prunk   ¹⁰⁰⁵ = Wenn nur
Krankheit sie im Kerker getötet hätte!

PAULET   Wohl wahr. Man kann den Menschen nicht verwehren,
Zu denken, was sie wollen.   1010

BURLEIGH   Zu beweisen wärs
Doch nicht, und würde weniger Geräusch erregen –

PAULET   Mag es Geräusch erregen! Nicht der laute,
Nur der gerechte Tadel kann verletzen.

BURLEIGH   O! auch die heilige Gerechtigkeit
Entflieht dem Tadel nicht. Die Meinung hält es   1015
Mit dem Unglücklichen, es wird der Neid
Stets den obsiegend Glücklichen verfolgen.
Das Richterschwert, womit der Mann sich ziert,
Verhaßt ists in der Frauen Hand. Die Welt
Glaubt nicht an die Gerechtigkeit des Weibes,   1020
Sobald ein Weib das Opfer wird. Umsonst,
Daß wir, die Richter, nach Gewissen sprachen!
Sie hat der Gnade königliches Recht.
Sie muß es brauchen, unerträglich ists,
Wenn sie den strengen Lauf läßt dem Gesetze!   1025

PAULET   Und also –

BURLEIGH   [rasch einfallend]   Also soll sie leben? Nein!
Sie darf nicht leben! Nimmermehr! Dies, eben
Dies ists, was unsre Königin beängstigt –
Warum der Schlaf ihr Lager flieht – Ich lese
In ihren Augen ihrer Seele Kampf,   1030
Ihr Mund wagt ihre Wünsche nicht zu sprechen,
Doch vielbedeutend fragt ihr stummer Blick:
Ist unter allen meinen Dienern keiner,
Der die verhaßte Wahl mir spart, in ewger Furcht

1015 **Meinung** öffentliche Meinung   1017 **den obsiegend Glücklichen** =
den glücklichen Siegern

Auf meinem Thron zu zittern, oder grausam   1035
Die Königin, die eigne Blutsverwandte
Dem Beil zu unterwerfen?

PAULET   Das ist nun die Notwendigkeit, steht nicht zu ändern.

BURLEIGH   Wohl stünds zu ändern, meint die Königin,
Wenn sie nur aufmerksamre Diener hätte.   1040

PAULET   Aufmerksame!

BURLEIGH   Die einen stummen Auftrag
Zu deuten wissen.

PAULET   Einen stummen Auftrag!

BURLEIGH   Die, wenn man ihnen eine giftge Schlange
Zu hüten gab, den anvertrauten Feind
Nicht wie ein heilig teures Kleinod hüten.   1045

PAULET   [bedeutungsvoll]
Ein hohes Kleinod ist der gute Name,
Der unbescholtne Ruf der Königin,
Den kann man nicht zu wohl bewachen, Sir!

BURLEIGH   Als man die Lady von dem Shrewsbury
Wegnahm und Ritter Paulets Hut vertraute,   1050
Da war die Meinung –

PAULET   Ich will hoffen, Sir,
Die Meinung war, daß man den schwersten Auftrag
Den reinsten Händen übergeben wollte.
Bei Gott! Ich hätte dieses Schergenamt
Nicht übernommen, dächt ich nicht, daß es   1055

---

¹⁰³⁸ **steht nicht zu ändern** ist nicht zu ändern   ¹⁰⁵⁴ **Schergenamt**
vgl. der Scherge [constable, bailiff]

Den besten Mann in England foderte.
Laßt mich nicht denken, daß ichs etwas anderm
Als meinem reinen Rufe schuldig bin.

BURLEIGH Man breitet aus, sie schwinde, läßt sie kränker
Und kränker werden, endlich still verscheiden,   1060
So stirbt sie in der Menschen Angedenken –
Und Euer Ruf bleibt rein.

PAULET   Nicht mein Gewissen.

BURLEIGH Wenn Ihr die eigne Hand nicht leihen wollt,
So werdet Ihr der fremden doch nicht wehren –

PAULET [*unterbricht ihn*]
Kein Mörder soll sich ihrer Schwelle nahn,   1065
So lang die Götter meines Dachs sie schützen.
Ihr Leben ist mir heilig, heilger nicht
Ist mir das Haupt der Königin von England.
Ihr seid die Richter! Richtet! Brecht den Stab!
Und wenn es Zeit ist, laßt den Zimmerer   1070
Mit Axt und Säge kommen, das Gerüst
Aufschlagen – für den Sheriff und den Henker
Soll meines Schlosses Pforte offen sein.
Jetzt ist sie zur Bewahrung mir vertraut,
Und seid gewiß, ich werde sie bewahren,   1075
Daß sie nichts Böses tun soll, noch erfahren!
[*Gehen ab.*]

1059 **schwinden** an Schwindsucht [Lungentuberkulose] erkranken
1060 **verscheiden** = sterben   1066 **Götter meines Dachs** Götter des
Gastrechts   1069 **den Stab brechen** altdeutscher Brauch. Wenn der
Richter einen Stab zerbrach, war der Angeklagte zum Tode verurteilt.
Die Szene entspricht der Überlieferung; nur spielte dort Walsingham
die Rolle Burleighs   1070 **Zimmerer** = Zimmermann

ZWEITER AUFZUG

DER PALAST ZU WESTMINSTER

ERSTER AUFTRITT

[Der Graf von Kent und Sir William Davison
begegnen einander.]

DAVISON   Seid Ihrs, Mylord von Kent? Schon vom Turnierplatz
Zurück, und ist die Festlichkeit zu Ende?

KENT   Wie? Wohntet Ihr dem Ritterspiel nicht bei?

DAVISON   Mich hielt mein Amt.   ·   1080

KENT   Ihr habt das schönste Schauspiel
Verloren, Sir, das der Geschmack ersonnen,
Und edler Anstand ausgeführt – denn wißt!
Es wurde vorgestellt die keusche Festung
Der Schönheit, wie sie vom Verlangen
Berennt wird – Der Lord Marschall, Oberrichter,   1085
Der Seneschall nebst zehen andern Rittern
Der Königin verteidigten die Festung,
Und Frankreichs Kavaliere griffen an.
Voraus erschien ein Herold, der das Schloß
Auffoderte in einem Madrigale,   1090
Und von dem Wall antwortete der Kanzler.
Drauf spielte das Geschütz, und Blumensträuße,
Wohlriechend köstliche Essenzen wurden

Der erste Auftritt fehlt Bf.   [1085] **Berennt** heute: berannt, angegriffen
[1090] **Madrigal** Gedichtart   [1092] **spielte das Geschütz** wurden die
Kanonen abgeschossen   [1093] **Essenz** = Parfüm

Aus niedlichen Feldstücken abgefeuert.
Umsonst! die Stürme wurden abgeschlagen,   1095
Und das Verlangen mußte sich zurückziehn.

DAVISON   Ein Zeichen böser Vorbedeutung, Graf,
Für die französische Brautwerbung.

KENT   Nun, nun, das war ein Scherz – Im Ernste denk ich,
Wird sich die Festung endlich doch ergeben.   1100

DAVISON   Glaubt Ihr? Ich glaub es nimmermehr.

KENT   Die schwierigsten Artikel sind bereits
Berichtigt und von Frankreich zugestanden.
Monsieur begnügt sich, in verschlossener
Kapelle seinen Gottesdienst zu halten,   1105
Und öffentlich die Reichsreligion
Zu ehren und zu schützen – Hättet Ihr den Jubel
Des Volks gesehn, als diese Zeitung sich verbreitet!
Denn dieses war des Landes ewge Furcht,
Sie möchte sterben ohne Leibeserben,   1110
Und England wieder Papstes Fesseln tragen,
Wenn ihr die Stuart auf dem Throne folgte.

DAVISON   Der Furcht kann es entledigt sein – Sie geht
Ins Brautgemach, die Stuart geht zum Tode.

KENT   Die Königin kommt!   1115

---

¹¹⁹⁴ **Feldstücke** = Kanonen   ¹¹⁰² **Artikel** points [of the marriage
contract]   ¹¹⁰⁴ **Monsieur** Titel eines jüngeren Bruders des Königs
von Frankreich   ¹¹⁰⁸ **Zeitung** hier: Nachricht   ¹¹¹³ᶠ· Die Verse
formulieren den Kontrast zwischen der Situation Marias, wie der I.
Aufzug sie darlegte, und der Situation der Gegenspielerin, wie sie nun
der II. Aufzug zeigt. Auf die Welt dieses II. Aufzugs deutet die ganze
Szene vielsagend voraus. Besonders wichtig sind die Wörter:
Schauspiel, Geschmack, edler Anstand, vorstellen [1080–1083], *Scherz,
Ernst* [1099]

ZWEITER AUFTRITT

[Die Vorigen. Elisabeth, von Leicester geführt.
Graf Aubespine, Bellievre, Graf Shrewsbury,
Lord Burleigh mit noch andern französischen und
englischen Herren treten auf.]

ELISABETH   *[zu Aubespine]*
Graf! Ich beklage diese edeln Herrn,
Die ihr galanter Eifer über Meer
Hieher geführt, daß sie die Herrlichkeit
Des Hofs von Saint Germain bei mir vermissen.
Ich kann so prächtge Götterfeste nicht   1120
Erfinden als die königliche Mutter
Von Frankreich – Ein gesittet fröhlich Volk,
Das sich, so oft ich öffentlich mich zeige,
Mit Segnungen um meine Sänfte drängt,
Dies ist das Schauspiel, das ich fremden Augen   1125
Mit eingem Stolze zeigen kann. Der Glanz
Der Edelfräulein, die im Schönheitsgarten
Der Katharina blühn, verbärge nur
Mich selber und mein schimmerlos Verdienst.

AUBESPINE   Nur e i n e Dame zeigt Westminsterhof   1130
Dem überraschten Fremden – aber alles,
Was an dem reizenden Geschlecht entzückt,
Stellt sich versammelt dar in dieser einen.

BELLIEVRE   Erhabne Majestät von Engelland,
Vergönne, daß wir unsern Urlaub nehmen,   1135
Und Monsieur, unsern königlichen Herrn,
Mit der ersehnten Freudenpost beglücken.

1116–1133 fehlt Bf.   1118 **Hie(r)her**   1191 **Saint Germain** Ort bei Paris
1121 Katharina von Medici [vgl. 48]   1124 **Sänfte** geschlossener Sitz,
von Dienern getragen; sedan chair   1125 Wieder das Wort
Schauspiel! Vgl. den ersten Auftritt   1126 **ein(i)gem** = some
1137 **Freudenpost** = Freuden-Nachricht

Ihn hat des Herzens heiße Ungeduld
Nicht in Paris gelassen, er erwartet
Zu Amiens die Boten seines Glücks,   1140
Und bis nach Calais reichen seine Posten,
Das Jawort, das dein königlicher Mund
Aussprechen wird, mit Flügelschnelligkeit
Zu seinem trunknen Ohre hinzutragen.

ELISABETH   Graf Bellievre, dringt nicht weiter in mich.   1145
Nicht Zeit ists jetzt, ich wiederhol es Euch,
Die freudge Hochzeitfackel anzuzünden.
Schwarz hängt der Himmel über diesem Land,
Und besser ziemte mir der Trauerflor
Als das Gepränge bräutlicher Gewänder.   1150
Denn nahe droht ein jammervoller Schlag
Mein Herz zu treffen und mein eignes Haus.

BELLIEVRE   Nur dein Versprechen gib uns, Königin,
In frohern Tagen folge die Erfüllung.

ELISABETH   Die Könige sind nur Sklaven ihres Standes,   1155
Dem eignen Herzen dürfen sie nicht folgen.
Mein Wunsch wars immer, unvermählt zu sterben,
Und meinen Ruhm hätt ich darein gesetzt,
Daß man dereinst auf meinem Grabstein läse:
„Hier ruht die jungfräuliche Königin."   1160
Doch meine Untertanen wollens nicht,
Sie denken jetzt schon fleißig an die Zeit,
Wo ich dahin sein werde – Nicht genug,
Daß jetzt der Segen dieses Land beglückt,   1165
Auch ihrem künftgen Wohl soll ich mich opfern,
Auch meine jungfräuliche Freiheit soll ich,
Mein höchstes Gut, hingeben für mein Volk,
Und der Gebieter wird mir aufgedrungen.
Es zeigt mir dadurch an, daß ich ihm nur

1163 **dahin sein** gestorben sein

Ein Weib bin, und ich meinte doch, regiert   1170
Zu haben, wie ein Mann und wie ein König.
Wohl weiß ich, daß man Gott nicht dient, wenn man
Die Ordnung der Natur verläßt, und Lob
Verdienen sie, die vor mir hier gewaltet,
Daß sie die Klöster aufgetan, und tausend   1175
Schlachtopfer einer falschverstandnen Andacht
Den Pflichten der Natur zurückgegeben.
Doch eine Königin, die ihre Tage
Nicht ungenützt in müßiger Beschauung
Verbringt, die unverdrossen, unermüdet,   1180
Die schwerste aller Pflichten übt, die sollte
Von dem Naturzweck ausgenommen sein,
Der eine Hälfte des Geschlechts der Menschen
Der andern unterwürfig macht –

AUBESPINE   Jedwede Tugend, Königin, hast du   1185
Auf deinem Thron verherrlicht, nichts ist übrig,
Als dem Geschlechte, dessen Ruhm du bist,
Auch noch in seinen eigensten Verdiensten
Als Muster vorzuleuchten. Freilich lebt
Kein Mann auf Erden, der es würdig ist,   1190
Daß du die Freiheit ihm zum Opfer brächtest.
Doch wenn Geburt, wenn Hoheit, Heldentugend
Und Männerschönheit einen Sterblichen
Der Ehre würdig machen, so –

ELISABETH   Kein Zweifel,
Herr Abgesandter, daß ein Ehebündnis   1195
Mit einem königlichen Sohne Frankreichs
Mich ehrt! Ja, ich gesteh es unverhohlen,
Wenn es sein muß – wenn ichs nicht ändern kann,

1172–1184 fehlt Bf.   1175 Heinrich VIII. löste die Klöster auf –
allerdings um sich dadurch zu bereichern   1179 **Beschauung** =
Betrachtung, Kontemplation   1193 Der Herzog war in Wirklichkeit
auffallend häßlich. Elisabeth antwortet allgemein: *Mit einem* . . . (1196)

Dem Dringen meines Volkes nachzugeben –
Und es wird stärker sein als ich, befürcht ich –   1200
So kenn ich in Europa keinen Fürsten,
Dem ich mein höchstes Kleinod, meine Freiheit,
Mit minderm Widerwillen opfern würde.
Laßt dies Geständnis Euch Genüge tun.

BELLIEVRE   Es ist die schönste Hoffnung, doch es ist   1205
Nur eine Hoffnung, und mein Herr wünscht mehr –

ELISABETH   Was wünscht er?
[*Sie zieht einen Ring vom Finger und betrachtet
ihn nachdenkend*]
                        Hat die Königin doch nichts
Voraus vor dem gemeinen Bürgerweibe!
Das gleiche Zeichen weist auf gleiche Pflicht,
Auf gleiche Dienstbarkeit – Der Ring macht Ehen,   1210
Und Ringe sinds, die eine Kette machen.
– Bringt seiner Hoheit dies Geschenk. Es ist
Noch keine Kette, bindet mich noch nicht,
Doch kann ein Reif draus werden, der mich bindet.

BELLIEVRE   [*kniet nieder, den Ring empfangend*]
In seinem Namen, große Königin,   1215
Empfang ich knieend dies Geschenk, und drücke
Den Kuß der Huldigung auf meiner Fürstin Hand!

ELISABETH   [*zum Grafen Leicester, den sie während der
letzten Rede unverwandt betrachtet hat*]
Erlaubt, Mylord!
[*Sie nimmt ihm das blaue Band ab, und hängt es
dem Bellievre um*]
                        Bekleidet Seine Hoheit
Mit diesem Schmuck, wie ich Euch hier damit

---

¹²⁰⁷ Elisabeth hatte dem Herzog bei einem Besuch einen Ring
überreicht   nach ¹²¹⁷ **unverwandt** ohne den Blick abzuwenden

Bekleide und in meines Ordens Pflichten nehme.   1220
Honny soit qui mal y pense! – Es schwinde
Der Argwohn zwischen beiden Nationen,
Und ein vertraulich Band umschlinge fortan
Die Kronen Frankreich und Britannien!

AUBESPINE   Erhabne Königin, dies ist ein Tag   1225
Der Freude! Möcht ers allen sein und möchte
Kein Leidender auf dieser Insel trauern!
Die Gnade glänzt auf deinem Angesicht,
O! daß ein Schimmer ihres heitern Lichts
Auf eine unglücksvolle Fürstin fiele,   1230
Die Frankreich und Britannien gleich nahe
Angeht –

ELISABETH   Nicht weiter, Graf! Vermengen wir
Nicht zwei ganz unvereinbare Geschäfte,
Wenn Frankreich ernstlich meinen Bund verlangt,
Muß es auch meine Sorgen mit mir teilen,   1235
Und meiner Feinde Freund nicht sein –

AUBESPINE   Unwürdig
In deinen eignen Augen würd es handeln,
Wenn es die Unglückselige, die Glaubens-
Verwandte, und die Witwe seines Königs
In diesem Bund vergäße – Schon die Ehre,   1240
Die Menschlichkeit verlangt –

ELISABETH   In diesem Sinn

1221 „Schande über den, der schlimm davon denkt." Wahlspruch des
Hosenbandordens, der 1350 unter Eduard III. gestiftet wurde. Der
König soll das Wort geprägt haben, als er seiner Mätresse bei einem
Ball ein Strumpfband aufhob, das sie verloren hatte. – Die
Aufforderung, nichts Schlimmes zu denken, ist auch in dieser Szene
nicht ganz überflüssig. Vgl. 1627ff, 1643f, 1925–1929, 2067–2072
1226ff Vgl. S. 7 und 8   1241–1244 fehlt Bf.

Weiß ich sein Fürwort nach Gebühr zu schätzen.
Frankreich erfüllt die Freundespflicht, mir wird
Verstattet sein, als Königin zu handeln.

[*Sie neigt sich gegen die französischen Herren,
welche sich mit den übrigen Lords ehrfurchtsvoll
entfernen*]

DRITTER AUFTRITT

[*Elisabeth. Leicester. Burleigh. Talbot.*
Die Königin setzt sich]

BURLEIGH   Ruhmvolle Königin! Du krönest heut   1245
Die heißen Wünsche deines Volks. Nun erst
Erfreun wir uns der segenvollen Tage,
Die du uns schenkst, da wir nicht zitternd mehr
In eine stürmevolle Zukunft schauen.
Nur eine Sorge kümmert noch dies Land,   1250
Ein Opfer ists, das alle Stimmen fodern.
Gewähr auch dieses, und der heutge Tag
Hat Englands Wohl auf immerdar gegründet.

ELISABETH   Was wünscht mein Volk noch? Sprecht, Mylord.

BURLEIGH   Es fodert
Das Haupt der Stuart – Wenn du deinem Volk   1255
Der Freiheit köstliches Geschenk, das teuer
Erworbne Licht der Wahrheit willst versichern,
So muß sie nicht mehr sein – Wenn wir nicht ewig
Für dein kostbares Leben zittern sollen,
So muß die Feindin untergehn! – Du weißt es,   1260
Nicht alle deine Briten denken gleich,
Noch viele heimliche Verehrer zählt

Der römsche Götzendienst auf dieser Insel.
Die alle nähren feindliche Gedanken,
Nach dieser Stuart steht ihr Herz, sie sind   1265
Im Bunde mit den lothringischen Brüdern,
Den unversöhnten Feinden deines Namens.
Dir ist von dieser wütenden Partei
Der grimmige Vertilgungskrieg geschworen,
Den man mit falschen Höllenwaffen führt.   1270
Zu Reims, dem Bishofssitz des Kardinals,
Dort ist das Rüsthaus, wo sie Blitze schmieden,
Dort wird der Königsmord gelehrt – Von dort
Geschäftig senden sie nach deiner Insel
Die Missionen aus, entschloßne Schwärmer,   1275
In allerlei Gewand vermummt – Von dort
Ist schon der dritte Mörder ausgegangen,
Und unerschöpflich, ewig neu erzeugen
Verborgne Feinde sich aus diesem Schlunde.
– Und in dem Schloß zu Fotheringhay sitzt   1280
Die Ate dieses ewgen Kriegs, die mit
Der Liebesfackel dieses Reich entzündet.
Für sie, die schmeichelnd jedem Hoffnung gibt,
Weiht sich die Jugend dem gewissen Tod –
Sie zu befreien, ist die Losung, sie   1285
Auf deinen Thron zu setzen, ist der Zweck.
Denn dies Geschlecht der Lothringer erkennt
Dein heilig Recht nicht an, du heißest ihnen
Nur eine Räuberin des Throns, gekrönt
Vom Glück! Sie warens, die die Törichte   1290
Verführt, sich Englands Königin zu schreiben.
Kein Friede ist mit ihr und ihrem Stamm!
Du mußt den Streich erleiden oder führen.
Ihr Leben ist dein Tod! Ihr Tod dein Leben!

[1266] **Vgl. S. 8**   [1271ff.] **Vgl. S. 10**   [1275] **Schwärmer** Mensch, dessen Religiosität übermäßig vom Gefühl bestimmt ist und leicht in Fanatismus ausarten kann. Vgl. Mortimer Anm. 562–572   [1281] **Ate** im griechischen Mythos und bei Shakespeare Göttin der Zwietracht

ELISABETH   Mylord! Ein traurig Amt verwaltet Ihr.   1295
             Ich kenne Eures Eifers reinen Trieb,
             Weiß, daß gediegne Weisheit aus Euch redet,
             Doch diese Weisheit, welche Blut befiehlt,
             Ich hasse sie in meiner tiefsten Seele.
             Sinnt einen mildern Rat aus – Edler Lord   1300
             Von Shrewsbury! Sagt I h r uns Eure Meinung.

TALBOT   Du gabst dem Eifer ein gebührend Lob,
             Der Burleighs treue Brust beseelt – Auch mir,
             Strömt es mir gleich nicht so beredt vom Munde,
             Schlägt in der Brust kein minder treues Herz.   1305
             Mögst du noch lange leben, Königin,
             Die Freude deines Volks zu sein, das Glück
             Des Friedens diesem Reiche zu verlängern.
             So schöne Tage hat dies Eiland nie
             Gesehn, seit eigne Fürsten es regieren.   1310
             Mög es sein Glück mit seinem Ruhme nicht
             Erkaufen! Möge Talbots Auge wenigstens
             Geschlossen sein, wenn dies geschieht!

ELISABETH   Verhüte Gott, daß wir den Ruhm befleckten!

TALBOT   Nun dann, so wirst du auf ein ander Mittel sinnen,   1315
             Dies Reich zu retten – denn die Hinrichtung
             Der Stuart ist ein ungerechtes Mittel.
             Du kannst das Urteil über d i e nicht sprechen,
             Die dir nicht untertänig ist.

ELISABETH   So irrt
             Mein Staatsrat und mein Parlament, im Irrtum   1320
             Sind alle Richterhöfe dieses Landes,
             Die mir dies Recht einstimmig zuerkannt –

TALBOT   Nicht Stimmenmehrheit ist des Rechtes Probe,

---

¹³²¹ **Richterhöfe** = Gerichtshöfe (courts of law)

74

England ist nicht die Welt, dein Parlament
Nicht der Verein der menschlichen Geschlechter. 1325
Dies heutge England ist das künftge nicht,
Wie's das vergangene nicht mehr ist – Wie sich
Die Neigung anders wendet, also steigt
Und fällt des U r t e i l s wandelbare Woge.
Sag nicht, du müssest der Notwendigkeit 1330
Gehorchen und dem Dringen deines Volks.
Sobald du willst, in jedem Augenblick
Kannst du erproben, daß dein Wille frei ist.
Versuchs! Erkläre, daß du Blut verabscheust,
Der Schwester Leben w i l l s t gerettet sehn, 1335
Zeig denen, die dir anders raten wollen,
Die Wahrheit deines königlichen Zorns,
Schnell wirst du die Notwendigkeit verschwinden
Und Recht in Unrecht sich verwandeln sehn.
Du selbst mußt richten, du allein. Du kannst dich 1340
Auf dieses unstet schwanke Rohr nicht lehnen.
Der eignen Milde folge du getrost.
Nicht Strenge legte Gott ins weiche Herz
Des Weibes – Und die Stifter dieses Reichs,
Die auch dem Weib die Herrscherzügel gaben, 1345
Sie zeigten an, daß Strenge nicht die Tugend
Der Könige soll sein in diesem Lande.

ELISABETH   Ein warmer Anwalt ist Graf Shrewsbury
Für meine Feindin und des Reichs. Ich ziehe
Die Räte vor, die meine Wohlfahrt lieben. 1350

TALBOT   Man gönnt ihr keinen Anwalt, niemand wagts,
Zu ihrem Vorteil sprechend, deinem Zorn
Sich bloß zu stellen – So vergönne mir,
Dem alten Manne, den am Grabesrand
Kein irdisch Hoffen mehr verführen kann, 1355

1341 **schwankes Rohr** weak reed [Biblical]   1342 **Milde** Gegensatz
zu *Strenge* 1343

Daß ich die Aufgegebene beschütze.
Man soll nicht sagen, daß in deinem Staatsrat
Die Leidenschaft, die Selbstsucht eine Stimme
Gehabt, nur die Barmherzigkeit geschwiegen.
Verbündet hat sich alles wider sie,   1360
Du selber hast ihr Antlitz nie gesehn,
Nichts spricht in deinem Herzen für die Fremde.
– Nicht ihrer Schuld red ich das Wort. Man sagt,
Sie habe den Gemahl ermorden lassen,
Wahr ists, daß sie den Mörder ehlichte.   1365
Ein schwer Verbrechen! – Aber es geschah
In einer finster unglücksvollen Zeit,
Im Angstgedränge bürgerlichen Kriegs,
Wo sie, die Schwache, sich umrungen sah
Von heftigdringenden Vasallen, sich   1370
Dem Mutvollstärksten in die Arme warf –
Wer weiß, durch welcher Künste Macht besiegt?
Denn ein gebrechlich Wesen ist das Weib.

ELISABETH   Das Weib ist nicht schwach. Es gibt starke Seelen
In dem Geschlecht – Ich will in meinem Beisein   1375
Nichts von der Schwäche des Geschlechtes hören.

TALBOT   Dir war das Unglück eine strenge Schule.
Nicht seine Freudenseite kehrte dir
Das Leben zu. Du sahest keinen Thron
Von ferne, nur das Grab zu deinen Füßen.   1380
Zu Woodstock wars und in des Towers Nacht,

1356 **die Aufgegebene** alle haben es aufgegeben, für Marias Rettung
etwas zu tun oder zu erhoffen   1363 **ihrer Schuld das Wort reden** ihre
Schuld verteidigen   1365 **ehelichen** = heiraten   1369 **umrungen**
heute: umringt   1372 vgl. 327ff, besonders **Höllenkünste** 330
1381f. Vgl. S. 6 *der gnädge Vater dieses Landes* kann kaum Gott sein.
Heinrich VIII. aber könnte nur indirekt gemeint sein: er hatte die
Erbfolge so geregelt, daß nach seinem Tode jene Ereignisse stattfinden
konnten

Wo dich der gnädge Vater dieses Landes
Zur ersten Pflicht durch Trübsal auferzog.
Dort suchte dich der Schmeichler nicht. Früh lernte,
Vom eiteln Weltgeräusche nicht zerstreut,   1385
Dein Geist sich sammeln, denkend in sich gehn,
Und dieses Lebens wahre Güter schätzen.
  – Die Arme rettete kein Gott. Ein zartes Kind
Ward sie verpflanzt nach Frankreich, an den Hof
Des Leichtsinns, der gedankenlosen Freude.   1390
Dort in der Feste ewger Trunkenheit,
Vernahm sie nie der Wahrheit ernste Stimme.
Geblendet ward sie von der Laster Glanz,
Und fortgeführt vom Strome des Verderbens.
Ihr ward der Schönheit eitles Gut zuteil,   1395
Sie überstrahlte blühend alle Weiber,
Und durch Gestalt nicht minder als Geburt – –

ELISABETH   Kommt zu Euch selbst, Mylord von Shrewsbury!
Denkt, daß wir hier im ernsten Rate sitzen.
Das müssen Reize sondergleichen sein,   1400
Die einen Greis in solches Feuer setzen.
  – Mylord von Leicester! Ihr allein schweigt still?
Was ihn beredt macht, bindets Euch die Zunge?

LEICESTER   Ich schweige für Erstaunen, Königin,
Daß man dein Ohr mit Schrecknissen erfüllt,   1405
Daß diese Märchen, die in Londons Gassen
Den gläubgen Pöbel ängsten, bis herauf
In deines Staatsrats heitre Mitte steigen,
Und weise Männer ernst beschäftigen.
Verwunderung ergreift mich, ich gestehs,   1410
Daß diese länderlose Königin
Von Schottland, die den eignen kleinen Thron
Nicht zu behaupten wußte, ihrer eignen

---

¹⁴⁰⁰ **sondergleichen** ohnegleichen   ¹⁴⁰⁴ **für** heute: vor   ¹⁴⁰⁷ **ängsten**
heute: ängstigen

Vasallen Spott, der Auswurf ihres Landes,
Dein Schrecken wird auf einmal im Gefängnis! 1415
– Was, beim Allmächtgen! machte sie dir furchtbar?
Daß sie dies Reich in Anspruch nimmt, daß dich
Die Guisen nicht als Königin erkennen?
Kann dieser Guisen Widerspruch das Recht
Entkräften, das Geburt dir gab, der Schluß 1420
Der Parlamente dir bestätigte?
Ist sie durch Heinrichs letzten Willen nicht
Stillschweigend abgewiesen, und wird England,
So glücklich im Genuß des neuen Lichts,
Sich der Papistin in die Arme werfen? 1425
Von dir, der angebeteten Monarchin,
Zu Darnleys Mörderin hinüberlaufen?
Was wollen diese ungestümen Menschen,
Die dich noch lebend mit der Erbin quälen,
Dich nicht geschwind genug vermählen können, 1430
Um Staat und Kirche von Gefahr zu retten?
Stehst du nicht blühend da in Jugendkraft,
Welkt jene nicht mit jedem Tag zum Grabe?
Bei Gott! Du wirst, ich hoffs, noch viele Jahre
Auf ihrem Grabe wandeln, ohne daß 1435
Du selber sie hinabzustürzen brauchtest –

BURLEIGH   Lord Leicester hat nicht immer so geurteilt.

LEICESTER   Wahr ists, ich habe selber meine Stimme
Zu ihrem Tod gegeben im Gericht.
– Im Staatsrat sprech ich anders. Hier ist nicht 1440
Die Rede von dem Recht, nur von dem Vorteil.
Ists jetzt die Zeit, von ihr Gefahr zu fürchten,
Da Frankreich sie verläßt, ihr einzger Schutz,
Da du den Königssohn mit deiner Hand

1414 **Auswurf** = Ausgestoßener, Outcast   1418 **Guisen** vgl. 1266–71,
1287–92, 387, 464ff **erkennen** heute: anerkennen   1424 **des neuen
Lichts** der Reformation   1429   **Erbin** Maria Stuart

Beglücken willst, die Hoffnung eines neuen   1445
Regentenstammes diesem Lande blüht?
Wozu sie also töten? Sie ist tot!
Verachtung ist der wahre Tod. Verhüte,
Daß nicht das Mitleid sie ins Leben rufe!
Drum ist mein Rat: Man lasse die Sentenz,   1450
Die ihr das Haupt abspricht, in voller Kraft
Bestehn! Sie lebe – aber unterm Beile
Des Henkers lebe sie, und schnell, wie sich
Ein Arm für sie bewaffnet, fall es nieder.

ELISABETH   [steht auf]
Mylords, ich hab nun eure Meinungen   1455
Gehört, und sag euch Dank für euren Eifer.
Mit Gottes Beistand, der die Könige
Erleuchtet, will ich eure Gründe prüfen,
Und wählen, was das Bessere mir dünkt.

VIERTER AUFTRITT

[Die Vorigen. Ritter Paulet mit Mortimern.]

ELISABETH   Da kommt Amias Paulet. Edler Sir,   1460
Was bringt Ihr uns?

PAULET   Glorwürdge Majestät!
Mein Neffe, der ohnlängst von weiten Reisen
Zurückgekehrt, wirft sich zu deinen Füßen
Und leistet dir sein jugendlich Gelübde.
Empfange du es gnadenvoll und laß   1465
Ihn wachsen in der Sonne deiner Gunst.

1462 **ohnlängst** heute: unlängst

MORTIMER   *[läßt sich auf ein Knie nieder]*
Lang lebe meine königliche Frau,
Und Glück und Ruhm bekröne ihre Stirne!

ELISABETH   Steht auf. Seid mir willkommen, Sir, in England.
Ihr habt den großen Weg gemacht, habt Frankreich   1470
Bereist und Rom und Euch zu Reims verweilt.
Sagt mir denn an, was spinnen unsre Feinde?

MORTIMER   Ein Gott verwirre sie und wende rückwärts
Auf ihrer eignen Schützen Brust die Pfeile,
Die gegen meine Königin gesandt sind.   1475

ELISABETH   Saht Ihr den Morgan und den ränkespinnenden
Bischof von Roße?

MORTIMER   Alle schottische
Verbannte lernt ich kennen, die zu Reims
Anschläge schmieden gegen diese Insel.
In ihr Vertrauen stahl ich mich, ob ich   1480
Etwa von ihren Ränken was entdeckte.

PAULET   Geheime Briefe hat man ihm vertraut,
In Ziffern, für die Königin von Schottland,
Die er mit treuer Hand uns überliefert.

ELISABETH   Sagt, was sind ihre neuesten Entwürfe?   1485

MORTIMER   Es traf sie alle wie ein Donnerstreich,
Daß Frankreich sie verläßt, den festen Bund

---

^{1470} **der große Weg** the grand tour, übliche Bildungsreise der
vornehmen jungen Engländer im 18. Jahrhundert ^{1472} **spinnen** hier:
Ränke spinnen, böse Pläne schmieden [vgl. 1476, 1479] ^{1474} **Auf...
Brust** auf die Brust derjenigen, die sie abgeschossen haben
^{1476} vgl. 496f ^{1483} **Ziffern** Chiffren, Geheimschrift

Mit England schließt, jetzt richten sie die Hoffnung
Auf Spanien.

ELISABETH   So schreibt mir Walsingham.

MORTIMER   Auch eine Bulle, die Papst Sixtus jüngst   1490
Von Vatikane gegen dich geschleudert,
Kam eben an zu Reims, als ichs verließ,
Das nächste Schiff bringt sie nach dieser Insel.

LEICESTER   Vor solchen Waffen zittert England nicht mehr.

BURLEIGH   Sie werden furchtbar in des Schwärmers Hand.   1495

ELISABETH   [*Mortimern forschend ansehend*]
Man gab Euch schuld, daß Ihr zu Reims die Schulen
Besucht und Euren Glauben abgeschworen?

MORTIMER   Die Miene gab ich mir, ich leugn es nicht,
So weit ging die Begierde, dir zu dienen!

ELISABETH   [*zu Paulet, der ihr Papiere überreicht*]
Was zieht Ihr da hervor?   1500

PAULET   Es ist ein Schreiben,
Das dir die Königin von Schottland sendet.

BURLEIGH   [*hastig darnach greifend*]
Gebt mir den Brief.

PAULET   [*gibt das Papier der Königin*]
        Verzeiht, Lord Großschatzmeister!

1489 Staatssekretär **Walsingham** war während der französischen
Brautwerbung in Paris, um den Vertrag zu schließen. Bei Marias
Prozeß war er in England Hauptankläger. Vgl. S. 11   1490 Vgl. S. 7
1491 **Von** = Vom   1498 **Miene** falsche Miene, Schein. Vgl. 1703–1705

In meiner Königin selbsteigne Hand,
Befahl sie mir, den Brief zu übergeben.
Sie sagt mir stets, ich sei ihr Feind. Ich bin   1505
Nur ihrer Laster Feind, was sich verträgt
Mit meiner Pflicht, mag ich ihr gern erweisen.
[*Die Königin hat den Brief genommen. Während
sie ihn liest, sprechen Mortimer und Leicester
einige Worte heimlich miteinander*]

BURLEIGH [*zu Paulet*]
Was kann der Brief enthalten? Eitle Klagen,
Mit denen man das mitleidsvolle Herz
Der Königin verschonen soll.   1510

PAULET   Was er
Enthält, hat sie mir nicht verhehlt. Sie bittet
Um die Vergünstigung, das Angesicht
Der Königin zu sehen.

BURLEIGH [*schnell*]   Nimmermehr!

TALBOT Warum nicht? Sie erfleht nichts Ungerechtes.

BURLEIGH Die Gunst des königlichen Angesichts   1515
Hat sie verwirkt, die Mordanstifterin,
Die nach dem Blut der Königin gedürstet.
Wers treu mit seiner Fürstin meint, der kann
Den falsch verräterischen Rat nicht geben.

TALBOT Wenn die Monarchin sie beglücken will,   1520
Wollt Ihr der Gnade sanfte Regung hindern?

BURLEIGH Sie ist verurteilt! Unterm Beile liegt
Ihr Haupt. Unwürdig ists der Majestät,
Das Haupt zu sehen, das dem Tod geweiht ist.

Das Urteil kann nicht mehr vollzogen werden,   1525
Wenn sich die Königin ihr genahet hat,
Denn Gnade bringt die königliche Nähe –

ELISABETH [*nachdem sie den Brief gelesen, ihre Tränen
trocknend*]
Was ist der Mensch! Was ist das Glück der Erde!
Wie weit ist diese Königin gebracht,
Die mit so stolzen Hoffnungen begann,   1530
Die auf den ältsten Thron der Christenheit
Berufen worden, die in ihrem Sinn
Drei Kronen schon aufs Haupt zu setzen meinte!
Welch andre Sprache führt sie jetzt als damals,
Da sie das Wappen Englands angenommen,   1535
Und von den Schmeichlern ihres Hofs sich Königin
Der zwei britannschen Inseln nennen ließ!
– Verzeiht, Mylords, es schneidet mir ins Herz,
Wehmut ergreift mich und die Seele blutet,
Daß Irdisches nicht fester steht, das Schicksal   1540
Der Menschheit, das entsetzliche, so nahe
An meinem eignen Haupt vorüberzieht.

TALBOT O Königin! Dein Herz hat Gott gerührt,
Gehorche dieser himmlischen Bewegung!
Schwer büßte sie fürwahr die schwere Schuld,   1545
Und Zeit ists, daß die harte Prüfung ende!
Reich ihr die Hand, der Tiefgefallenen,
Wie eines Engels Lichterscheinung steige
In ihres Kerkers Gräbernacht hinab –

BURLEIGH Sei standhaft, große Königin. Laß nicht   1550

1525–1528 Vgl. das englische Sprichwort "King's face makes grace"
und S. 5   1540f. = daß Vergänglichkeit, Unsicherheit aller
irdischen Güter menschliches Schicksal ist   1544 **Bewegung** = Gefühl,
Rührung; vgl. *gerührt* 1543

Ein lobenswürdig menschliches Gefühl
Dich irre führen. Raube dir nicht selbst
Die Freiheit, das Notwendige zu tun.
Du kannst sie nicht begnadigen, nicht retten,
So lade nicht auf dich verhaßten Tadel,   1555
Daß du mit grausam höhnendem Triumph
Am Anblick deines Opfers dich geweidet.

LEICESTER   Laßt uns in unsern Schranken bleiben, Lords.
Die Königin ist weise, sie bedarf
Nicht unsers Rats, das Würdigste zu wählen.   1560
Die Unterredung beider Königinnen
Hat nichts gemein mit des Gerichtes Gang.
Englands Gesetz, nicht der Monarchin Wille,
Verurteilt die Maria. Würdig ists
Der großen Seele der Elisabeth,   1565
Daß sie des Herzens schönem Triebe folge,
Wenn das Gesetz den strengen Lauf behält.

ELISABETH   Geht, meine Lords. Wir werden Mittel finden,
Was Gnade fodert, was Notwendigkeit
Uns auferlegt, geziemend zu vereinen.   1570
Jetzt – tretet ab!
[*Die Lords gehen. An der Türe ruft sie den Mortimer zurück*]
               Sir Mortimer! Ein Wort!

FÜNFTER AUFTRITT

[Elisabeth. Mortimer.]

ELISABETH   [*nachdem sie ihn einige Augenblicke forschend mit den Augen gemessen*]

1557 **sich weiden** den Anblick genießen   1558 **in unsern Schranken bleiben** keep our place, not overstep our bounds

Ihre zeigtet einen kecken Mut und seltne
Beherrschung Eurer selbst für Eure Jahre.
Wer schon so früh der Täuschung schwere Kunst
Ausübte, der ist mündig vor der Zeit,   1575
Und er verkürzt sich seine Prüfungsjahre.
— Auf eine große Bahn ruft Euch das Schicksal,
Ich prophezei es Euch, und mein Orakel
Kann ich, zu Eurem Glücke! selbst vollziehn.

MORTIMER   Erhabene Gebieterin, was ich   1580
Vermag und bin, ist deinem Dienst gewidmet.

ELISABETH   Ihr habt die Feinde Englands kennen lernen.
Ihr Haß ist unversöhnlich gegen mich,
Und unerschöpflich ihre Blutentwürfe.
Bis diesen Tag zwar schützte mich die Allmacht,   1585
Doch ewig wankt die Kron auf meinem Haupt,
So lang sie lebt, die ihrem Schwärmereifer
Den Vorwand leiht und ihre Hoffnung nährt.

MORTIMER   Sie lebt nicht mehr, sobald du es gebietest.

ELISABETH   Ach Sir! Ich glaubte mich am Ziele schon   1590
Zu sehn, und bin nicht weiter als am Anfang.
Ich wollte die Gesetze handeln lassen,
Die eigne Hand vom Blute rein behalten.
Das Urteil ist gesprochen. Was gewinn ich?
Es muß vollzogen werden, Mortimer!   1595
Und ich muß die Vollziehung anbefehlen.
Mich immer trifft der Haß der Tat. Ich muß
Sie eingestehn, und kann den Schein nicht retten.
Das ist das Schlimmste!

MORTIMER   Was bekümmert dich
Der böse Schein, bei der gerechten Sache?   1600

---

¹⁵⁹⁶ **anbefehlen** befehlen, anordnen

ELISABETH   Ihr kennt die Welt nicht, Ritter. Was man scheint,
             Hat jedermann zum Richter, was man ist, hat keinen.
             Von meinem Rechte überzeug ich niemand,
             So muß ich Sorge tragen, daß mein Anteil
             An ihrem Tod in ewgem Zweifel bleibe.   1605
             Bei solchen Taten doppelter Gestalt
             Gibts keinen Schutz als in der Dunkelheit.
             Der schlimmste Schritt ist, den man eingesteht,
             Was man nicht aufgibt, hat man nie verloren.

MORTIMER   [ausforschend]
             Dann wäre wohl das Beste –   1610

ELISABETH   [schnell]   Freilich wärs
             Des Beste – O mein guter Engel spricht
             Aus Euch. Fahrt fort, vollendet, werter Sir!
             Euch ist es ernst, Ihr dringet auf den Grund,
             Seid ein ganz andrer Mann als Euer Oheim –

MORTIMER   [betroffen]
             Entdecktest du dem Ritter deinen Wunsch?   1615

ELISABETH   Mich reut, daß ichs tat.

MORTIMER   Entschuldige
             Den alten Mann. Die Jahre machen ihn
             Bedenklich. Solche Wagestücke fodern
             Den kecken Mut der Jugend –

ELISABETH   [schnell]   Darf ich Euch –

1606 = **Bei solchen Taten,** die eine doppelte Gestalt haben
1609 = Solange man den guten Schein wahrt, hat man in einer bösen
Sache nicht verloren

| MORTIMER | Die Hand will ich dir leihen, rette du | 1620 |
| | Den Namen, wie du kannst – | |

ELISABETH   Ja, Sir! Wenn Ihr
Mich eines Morgens mit der Botschaft wecktet:
Maria Stuart, deine blutge Feindin,
Ist heute Nacht verschieden!

MORTIMER   Zählt auf mich.

ELISABETH   Wann wird mein Haupt sich ruhig schlafen legen?   1625

MORTIMER   Der nächste Neumond ende deine Furcht.

ELISABETH   – Gehabt Euch wohl, Sir! Laßt es Euch nicht leid tun,
Daß meine Dankbarkeit den Flor der Nacht
Entlehnen muß – Das Schweigen ist der Gott
Der Glücklichen – die engsten Bande sinds,   1630
Die zärtesten, die das Geheimnis stiftet!

                              [*Sie geht ab*]

SECHSTER AUFTRITT

MORTIMER   [*allein*]
Geh, falsche, gleisnerische Königin!
Wie du die Welt, so täusch ich dich. Recht ists,
Dich zu verraten, eine gute Tat!
Seh ich aus wie ein Mörder? Lasest du   1635

[1621] **Namen** = den guten Namen, vgl. 1677   [1624] **verschieden** =
gestorben, vgl. 1069 *verscheiden*   [1628] **Flor** = Schleier
[1632] **gleisnerisch** = verlogen, heuchlerisch [gleißen: hell scheinen]
Vgl. 1638 *Heuchelschein* und 2428 *gleißend*

Ruchlose Fertigkeit auf meiner Stirn?
Trau nur auf meinen Arm und halte deinen
Zurück, gib dir den frommen Heuchelschein
Der Gnade vor der Welt, indessen du
Geheim auf meine Mörderhilfe hoffst,   1640
So werden wir zur Rettung Frist gewinnen!
Erhöhen willst du mich – zeigst mir von ferne
Bedeutend einen kostbarn Preis – Und wärst
Du selbst der Preis und deine Frauengunst!
Wer bist du Ärmste, und was kannst du geben?   1645
Mich locket nicht des eiteln Ruhmes Geiz!
Bei ihr nur ist des Lebens Reiz –
Um sie, in ewgem Freudenchore, schweben
Der Anmut Götter und der Jugendlust,
Das Glück der Himmel ist an ihrer Brust,   1650
Du hast nur tote Güter zu vergeben!
Das eine Höchste, was das Leben schmückt,
Wenn sich ein Herz, entzückend und entzückt,
Dem Herzen schenkt in süßem Selbstvergessen,
Die Frauenkrone hast du nie besessen,   1655
Nie hast du liebend einen Mann beglückt!
– Ich muß den Lord erwarten, ihren Brief
Ihm übergeben. Ein verhaßter Auftrag!
Ich habe zu dem Höflinge kein Herz,
Ich selber kann sie retten, ich allein,   1660
Gefahr und Ruhm und auch der Preis sei mein!
[*Indem er gehen will, begegnet ihm Paulet*]

[1636] **Ruchlose Fertigkeit** = gewissenlose Bereitschaft   [1646] **des
Ruhmes Geiz** Geiz nach Ruhm, Ehrgeiz, vgl. 1666f.   [1649] = die
Götter der Anmut und der Jugendlust

SIEBENTER AUFTRITT

[*Mortimer. Paulet.*]

PAULET   Was sagte dir die Königin?

MORTIMER   Nichts, Sir.
Nichts – von Bedeutung.

PAULET   [*fixiert ihn mit ernstem Blick*]
                        Höre, Mortimer!
Es ist ein schlüpfrig glatter Grund, auf den
Du dich begeben. Lockend ist die Gunst   1665
Der Könige, nach Ehre geizt die Jugend.
– Laß dich den Ehrgeiz nicht verführen!

MORTIMER   Wart Ihrs nicht selbst, der an den Hof mich brachte?

PAULET   Ich wünschte, daß ichs nicht getan. Am Hofe
Ward u n s e r s Hauses Ehre nicht gesammelt,   1670
Steh fest, mein Neffe. Kaufe nicht zu teuer!
Verletze dein Gewissen nicht!

MORTIMER   Was fällt Euch ein? Was für Besorgnisse!

PAULET   Wie groß dich auch die Königin zu machen
Verspricht – Trau ihrer Schmeichelrede nicht.   1675
Verleugnen wird sie dich, wenn du gehorcht,
Und ihren eignen Namen rein zu waschen,
Die Bluttat rächen, die sie selbst befahl.

MORTIMER   Die Bluttat sagt Ihr –

PAULET   Weg mit der Verstellung!
Ich weiß, was dir die Königin angesonnen,   1680
Sie hofft, daß deine ruhmbegierge Jugend
Willfährger sein wird als mein starres Alter.
Hast du ihr zugesagt? Hast du?

---

¹⁶⁷⁷ᶠ = Und um . . . zu waschen, wird sie . . . rächen

MORTIMER   Mein Oheim!

PAULET   Wenn dus getan hast, so verfluch ich dich,
           Und dich verwerfe –   1685

LEICESTER [*kommt*]   Werter Sir, erlaubt
           Ein Wort mit Eurem Neffen. Die Monarchin
           Ist gnadenvoll gesinnt für ihn, sie will,
           Daß man ihm die Person der Lady Stuart
           Uneingeschränkt vertraue – Sie verläßt sich
           Auf seine Redlichkeit –   1690

PAULET   Verläßt sich – Gut!

LEICESTER Was sagt Ihr, Sir?

PAULET   Die Königin verläßt sich
           Auf ihn, und ich, Mylord, verlasse mich
           Auf mich und meine beiden offnen Augen.
                                         [*Er geht ab*]

ACHTER AUFTRITT

[*Leicester. Mortimer.*]

LEICESTER [*verwundert*]
           Was wandelte den Ritter an?

MORTIMER   Ich weiß es nicht – Das unerwartete   1695
           Vertauen, das die Königin mir schenkt –

[1685] **Und dich verwerfe** Subjekt fehlt   [1694] = Warum benahm er
sich so merkwürdig?

LEICESTER [*ihn forschend ansehend*]
Verdient Ihr, Ritter, daß man Euch vertraut?

MORTIMER [*ebenso*]
Die Frage tu ich Euch, Mylord von Leicester.

LEICESTER Ihr hattet mir was in geheim zu sagen.

MORTIMER Versichert mich erst, daß ichs wagen darf. 1700

LEICESTER Wer gibt mir die Versicherung für Euch?
– Laßt Euch mein Mißtraun nicht beleidigen!
Ich seh Euch zweierlei Gesichter zeigen
An diesem Hofe – Eins darunter ist
Notwendig falsch, doch welches ist das wahre? 1705

MORTIMER Es geht mir ebenso mit Euch, Graf Leicester.

LEICESTER Wer soll nun des Vertrauens Anfang machen?

MORTIMER Wer das Geringere zu wagen hat.

LEICESTER Nun! Der seid Ihr!

MORTIMER   Ihr seid es! Euer Zeugnis,
Des vielbedeutenden, gewaltgen Lords, 1710
Kann mich zu Boden schlagen, meins vermag
Nichts gegen Euren Rang und Eure Gunst.

LEICESTER Ihr irrt Euch, Sir. In allem andern bin ich
Hier mächtig, nur in diesem zarten Punkt,
Den ich jetzt Eurer Treu preisgeben soll, 1715
Bin ich der schwächste Mann an diesem Hof,
Und ein verächtlich Zeugnis kann mich stürzen.

MORTIMER Wenn sich der allvermögende Lord Leicester

[1699] **in geheim** = insgeheim, geheim

91

So tief zu mir herunterläßt, ein solch
Bekenntnis mir zu tun, so darf ich wohl   1720
Ein wenig höher denken von mir selbst,
Und ihm in Großmut ein Exempel geben.

LEICESTER   Geht mir voran im Zutraun, ich will folgen.

MORTIMER   [*den Brief schnell hervorziehend*]
Dies sendet Euch die Königin von Schottland.

LEICESTER   [*schrickt zusammen und greift hastig darnach*]
Sprecht leise, Sir – Was seh ich! Ach! Es ist   1725
Ihr Bild! [*Küßt es und betrachtet es mit
stummem Entzücken*]

MORTIMER   [*der ihn während des Lesens scharf beobachtet*]
Mylord, nun glaub ich Euch!

LEICESTER   [*nachdem er den Brief schnell durchlaufen*]
Sir Mortimer! Ihr wißt des Briefes Inhalt?

MORTIMER   Nichts weiß ich.

LEICESTER   Nun! Sie hat Euch ohne Zweifel
Vertraut –

MORTIMER   Sie hat mir nichts vertraut. I h r würdet
Dies Rätsel mir erklären, sagte sie.   1730
Ein Rätsel ist es mir, daß Graf von Leicester,
Der Günstling der Elisabeth, Mariens
Erklärter Feind und ihrer Richter einer,
Der Mann sein soll, von dem die Königin
In ihrem Unglück Rettung hofft – Und dennoch   1735
Muß dem so sein, denn Eure Augen sprechen
Zu deutlich aus, was Ihr für sie empfindet.

LEICESTER   Entdeckt mir selbst erst, wie es kommt, daß Ihr

Den feurgen Anteil nehmt an ihrem Schicksal,
Und was Euch ihr Vertraun erwarb.   1740

MORTIMER   Mylord,
Das kann ich Euch mit wenigem erklären.
Ich habe meinen Glauben abgeschworen
Zu Rom, und steh im Bündnis mit den Guisen.
Ein Brief des Erzbischofs zu Reims hat mich
Beglaubigt bei der Königin von Schottland.   1745

LEICESTER   Ich weiß von Eurer Glaubensänderung,
Sie ists, die mein Vertrauen zu Euch weckte.
Gebt mir die Hand. Verzeiht mir meinen Zweifel.
Ich kann der Vorsicht nicht zu viel gebrauchen,
Denn Walsingham und Burleigh hassen mich,   1750
Ich weiß, daß sie mir laurend Netze stellen.
Ihr konntet ihr Geschöpf und Werkzeug sein,
Mich in das Garn zu ziehn –

MORTIMER   Wie kleine Schritte
Geht ein so großer Lord an diesem Hof!
Graf! ich beklag Euch.   1755

LEICESTER   Freudig werf ich mich
An die vertraute Freundesbrust, wo ich
Des langen Zwangs mich endlich kann entladen.
Ihr seid verwundert, Sir, daß ich so schnell
Das Herz geändert gegen die Maria.
Zwar in der Tat haßt ich sie nie – der Zwang   1760
Der Zeiten machte mich zu ihrem Gegner.
Sie war mir zugedacht seit langen Jahren,
Ihr wißts, eh sie die Hand dem Darnley gab,
Als noch der Glanz der Hoheit sie umlachte,

1741 **mit wenigem** mit wenigen Worten   1751 **laurend** heute: lauernd
1753 **Garn** = Netz, Falle   1762 **Sie war mir zugedacht** = Man
plante, sie mit mir zu verheiraten. Vgl. S. 8

Kalt stieß ich damals dieses Glück von mir,   1765
Jetzt im Gefängnis, an des Todes Pforten
Such ich sie auf, und mit Gefahr des Lebens.

MORTIMER   Das heißt großmütig handeln!

LEICESTER   – Die Gestalt
Der Dinge, Sir, hat sich indes verändert.
Mein Ehrgeiz was es, der mich gegen Jugend   1770
Und Schönheit fühllos machte. Damals hielt ich
Mariens Hand für mich zu klein, ich hoffte
Auf den Besitz der Königin von England.

MORTIMER   Es ist bekannt, daß sie Euch allen Männern
Vorzog –   1775

LEICESTER   So schien es, edler Sir – Und nun, nach zehn
Verlornen Jahren unverdroßnen Werbens,
Verhaßten Zwangs – O Sir, mein Herz geht auf!
Ich muß des langen Unmuts mich entladen –
Man preist mich glücklich – wüßte man, was es
Für Ketten sind, um die man mich beneidet –   1780
Nachdem ich zehen bittre Jahre lang
Dem Götzen ihrer Eitelkeit geopfert,
Mich jedem Wechsel ihrer Sultanslaunen
Mit Sklavendemut unterwarf, das Spielzeug
Des kleinen grillenhaften Eigensinns,   1785
Geliebkost jetzt von ihrer Zärtlichkeit,
Und jetzt mit sprödem Stolz zurückgestoßen,
Von ihrer Gunst und Strenge gleich gepeinigt,

1768 Das heißt = Das nenne ich   **1771 fühllos** heute: gefühllos
1782 Dem Götzen ihrer Eitelkeit = ihrer Eitelkeit wie einem Götzen.
Elisabeth war wirklich von extremer, lächerlicher Eitelkeit. Sie fragte
Besucher, ob sie schön sei oder ob Maria Stuart schöner sei.
1783 Sultan hier: Inbegriff eines Despoten   **1785 grillenhaft** =
launisch, unberechenbar, abseitig

Wie ein Gefangener vom Argusblick
Der Eifersucht gehütet, ins Verhör   1790
Genommen wie ein Knabe, wie ein Diener
Gescholten – O die Sprache hat kein Wort
Für diese Hölle!

MORTIMER   Ich beklag Euch, Graf.

LEICESTER   Täuscht mich am Ziel der Preis! Ein andrer kommt,
Die Frucht des teuren Werbens mir zu rauben.   1795
An einen jungen blühenden Gemahl
Verlier ich meine lang beseßnen Rechte,
Heruntersteigen soll ich von der Bühne,
Wo ich so lange als der Erste glänzte.
Nicht ihre Hand allein, auch ihre Gunst   1800
Droht mir der neue Ankömmling zu rauben.
Sie ist ein Weib, und er ist liebenswert.

MORTIMER   Er ist Kathrinens Sohn. In guter Schule
Hat e r des Schmeichelns Künste ausgelernt.

LEICESTER   So stürzen meine Hoffnungen – ich suche   1805
In diesem Schiffbruch meines Glücks ein Brett
Zu fassen – und mein Auge wendet sich
Der ersten schönen Hoffnung wieder zu.
Mariens Bild, in ihrer Reize Glanz,
Stand neu vor mir, Schönheit und Jugend traten   1810
In ihre vollen Rechte wieder ein,
Nicht kalter Ehrgeiz mehr, das Herz verglich,

[1789] **Argusblick** mißtrauisch wachsamer Blick. Argus war in der
griechischen Mythologie ein Ungeheuer mit 100 Augen, von denen
immer nur ein Paar ruhte   [1790] **ins Verhör nehmen** (cross-)examine,
question closely   [1794] **Täuscht mich . . .** Nachgestellter Hauptsatz,
der das von Mortimer unterbrochene Satzgefüge zuendeführt
[1796, 1801] **Gemahl, Ankömmling** der Herzog von Anjou   [1803] Katharina von Medicis   [1812] **verglich** nämlich Maria und Elisabeth

Und ich empfand, welch Kleinod ich verloren.
Mit Schrecken seh ich sie in tiefes Elend
Herabgestürzt, gestürzt durch mein Verschulden.   1815
Da wird in mir die Hoffnung wach, ob ich
Sie jetzt noch retten könnte und besitzen.
Durch eine treue Hand gelingt es mir,
Ihr mein verändert Herz zu offenbaren,
Und dieser Brief, den Ihr mir überbracht,   1820
Versichert mir, daß sie verzeiht, sich mir
Zum Preise schenken will, wenn ich sie rette.

MORTIMER   Ihr tatet aber nichts zu ihrer Rettung!
Ihr ließt geschehn, daß sie verurteilt wurde,
Gabt Eure Stimme selbst zu ihrem Tod!   1825
Ein Wunder muß geschehn – Der Wahrheit Licht
Muß mich, den Neffen ihres Hüters, rühren,
Im Vatikan zu Rom muß ihr der Himmel
Den unverhofften Retter zubereiten,
Sonst fand sie nicht einmal den Weg zu Euch!   1830

LEICESTER   Ach, Sir, es hat mir Qualen gnug gekostet!
Um selbe Zeit ward sie von Talbots Schloß
Nach Fotheringhay weg geführt, der strengen
Gewahrsam Eures Oheims anvertraut.
Gehemmt ward jeder Weg zu ihr, ich mußte   1835
Fortfahren vor der Welt, sie zu verfolgen.
Doch denket nicht, daß ich sie leidend hätte
Zum Tode gehen lassen! Nein, ich hoffte,
Und hoffe noch, das Äußerste zu hindern,
Bis sich ein Mittel zeigt, sie zu befrein.   1840

MORTIMER   Das ist gefunden – Leicester, Euer edles
Vertraun verdient Erwiderung. Ich will sie
Befreien, darum bin ich hier, die Anstalt

---

¹⁸³⁴ heute: der Gewahrsam (= Aufsicht über die Gefangene)
¹⁸³⁷ **leidend** ohne zu handeln   ¹⁸⁴³ **Anstalt** Vorbereitung

Ist schon getroffen, Euer mächtger Beistand
Versichert uns den glücklichen Erfolg.   1845

LEICESTER   Was sagt Ihr? Ihr erschreckt mich. Wie? Ihr wolltet –

MORTIMER   Gewaltsam auftun will ich ihren Kerker,
Ich hab Gefährten, alles ist bereit –

LEICESTER   Ihr habt Mitwisser und Vertraute! Weh mir!
In welches Wagnis reißt Ihr mich hinein!   1850
Und diese wissen auch um mein Geheimnis?

MORTIMER   Sorgt nicht. Der Plan ward ohne Euch entworfen,
Ohn Euch wär er vollstreckt, bestünde sie
Nicht drauf, Euch ihre Rettung zu verdanken.

LEICESTER   So könnt Ihr mich für ganz gewiß versichern,   1855
Daß in dem Bund mein Name nicht genannt ist?

MORTIMER   Verlaßt Euch drauf! Wie? So bedenklich, Graf,
Bei einer Botschaft, die Euch Hülfe bringt!
Ihr wollt die Stuart retten und besitzen,
Ihr findet Freunde, plötzlich, unerwartet,   1860
Vom Himmel fallen Euch die nächsten Mittel –
Doch zeigt Ihr mehr Verlegenheit als Freude?

LEICESTER   Es ist nichts mit Gewalt. Das Wagestück
Ist zu gefährlich.

MORTIMER   Auch das Säumen ists!

LEICESTER   Ich sag Euch, Ritter, es ist nicht zu wagen.   1865

MORTIMER   [bitter]
Nein, nicht für Euch, der sie besitzen will!

1863 **Es ist nichts** ... Gewalt kann nicht in Frage kommen

Wir wollen sie bloß r e t t e n, und sind nicht so
Bedenklich –

LEICESTER   Junger Mann, Ihr seid zu rasch
In so gefährlich dornenvoller Sache.

MORTIMER   Ihr – sehr bedacht in solchem Fall der Ehre.   1870

LEICESTER   Ich seh die Netze, die uns rings umgeben.

MORTIMER   Ich fühle Mut, sie alle zu durchreißen.

LEICESTER   Tollkühnheit, Raserei ist dieser Mut.

MORTIMER   Nicht Tapferkeit ist diese Klugheit, Lord.

LEICESTER   Euch lüstets wohl, wie Babington zu enden?   1875

MORTIMER   Euch nicht, des Norfolks Großmut nachzuahmen.

LEICESTER   Norfolk hat seine Braut nicht heimgeführt.

MORTIMER   Er hat bewiesen, daß ers würdig war.

LEICESTER   Wenn w i r verderben, reißen wir sie nach.

MORTIMER   Wenn wir uns schonen, wird sie nicht gerettet.   1880

LEICESTER   Ihr überlegt nicht, hört nicht, werdet alles
Mit heftig blindem Ungestüm zerstören,
Was auf so guten Weg geleitet war.

[1868] **bedenklich** = vorsichtig und ängstlich   [1870ff.] Die Figuren
sprechen immer nur eine Zeile. Solche Zuspitzung des Dialogs nannte
man in der griechischen Tragödie Stichomythie   [1875–1878] fehlt Bf.
Vgl. S. 10 und 11

MORTIMER Wohl auf den guten Weg, den I h r gebahnt?
Was habt I h r denn getan, um sie zu retten? 1885
– Und wie? Wenn ich nun Bube gnug gewesen,
Sie zu e r m o r d e n, wie die Königin
Mir anbefahl, wie sie zu dieser Stunde
Von mir erwartet – Nennt mir doch die Anstalt,
Die Ihr gemacht, ihr Leben zu erhalten. 1890

LEICESTER [erstaunt]
Gab Euch die Königin diesen Blutbefehl?

MORTIMER Sie irrte sich in mir, wie sich Maria
In Euch.

LEICESTER   Und Ihr habt zugesagt? Habt Ihr?

MORTIMER Damit sie andre Hände nicht erkaufe,
Bot ich die meinen an. 1895

LEICESTER   Ihr tatet wohl.
Dies kann uns Raum verschaffen. Sie verläßt sich
Auf Euren blutgen Dienst, das Todesurteil
Bleibt unvollstreckt, und wir gewinnen Zeit –

MORTIMER [ungeduldig]
Nein, wir verlieren Zeit!

LEICESTER   Sie zählt auf Euch,
So minder wird sie Anstand nehmen, sich 1900
Den Schein der Gnade vor der Welt zu geben.
Vielleicht, daß ich durch List sie überrede,
Das Angesicht der Gegnerin zu sehn,
Und dieser Schritt muß ihr die Hände binden.
Burleigh hat Recht. Das Urteil kann nicht mehr 1905

1886 **Bube** = Schurke   1900 = Um so eher kann sie . . .
1905f. Vgl. 1525-28 und S. 5

Vollzogen werden, wenn sie sie gesehn.
– Ja ich versuch es, alles biet ich auf –

MORTIMER Und was erreicht Ihr dadurch? Wenn sie sich
In mir getäuscht sieht, wenn Maria fortfährt
Zu leben – Ist nicht alles wie zuvor?   1910
Frei wird sie niemals! Auch das Mildeste,
Was kommen kann, ist ewiges Gefängnis.
Mit einer kühnen Tat müßt Ihr doch enden,
Warum wollt Ihr nicht gleich damit beginnen?
In Euren Händen ist die Macht, Ihr bringt   1915
Ein Heer zusammen, wenn Ihr nur den Adel
Auf Euren vielen Schlössern waffnen wollt!
Maria hat noch viel verborgne Freunde,
Der Howard und der Percy edle Häuser,
Ob ihre Häupter gleich gestürzt, sind noch   1920
An Helden reich, sie harren nur darauf,
Daß ein gewaltger Lord das Beispiel gebe!
Weg mit Verstellung! Handelt öffentlich!
Verteidigt als ein Ritter die Geliebte,
Kämpft einen edeln Kampf um sie. Ihr seid   1925
Herr der Person der Königin von England,
Sobald Ihr wollt. Lockt sie auf Eure Schlösser,
Sie ist Euch oft dahin gefolgt. Dort zeigt ihr
Den Mann! Sprecht als Gebieter! Haltet sie
Verwahrt, bis sie die Stuart frei gegeben!   1930

LEICESTER Ich staune, ich entsetze mich – Wohin   [Boden?
Reißt Euch der Schwindel – Kennt Ihr diesen
Wißt Ihr, wie's steht an diesem Hof, wie eng
Dies Frauenreich die Geister hat gebunden?
Sucht nach dem Heldengeist, der ehmals wohl   1935
In diesem Land sich regte – Unterworfen
Ist alles, unterm Schlüssel eines Weibes,
Und jedes Mutes Federn abgespannt.

1919 Vgl. S. 10 **Der ... der** Genit. Plur.   1932 **Schwindel** hier:
unkontrollierte, erregte Phantasie   1938 **Federn** springs, sinews

Folgt meiner Leitung. Wagt nichts unbedachtsam.
–Ich höre kommen, geht.   1940

MORTIMER   Maria hofft!
Kehr ich mit leerem Trost zu ihr zurück?

LEICESTER   Bringt ihr die Schwüre meiner ewgen Liebe!

MORTIMER   Bringt ihr die selbst! Zum Werkzeug ihrer Rettung
Bot ich mich an, nicht Euch zum Liebesboten!
                                              [*Er geht ab*]

NEUNTER AUFTRITT

[Elisabeth. Leicester.]

ELISABETH   Wer ging da von Euch weg? Ich hörte sprechen.   1945

LEICESTER   [*sich auf ihre Rede schnell und erschrocken
              umwendend*]
              Es war Sir Mortimer.

ELISABETH   Was ist Euch, Lord?
So ganz betreten?

LEICESTER   [*faßt sich*]   – Über deinen Anblick!
              Ich habe dich so reizend nie gesehn,
              Geblendet steh ich da von deiner Schönheit.   1950
              – Ach!

ELISABETH   Warum seufzt Ihr?

---

¹⁹⁴⁸ **betreten** = verlegen

LEICESTER   Hab ich keinen Grund
Zu seufzen? Da ich deinen Reiz betrachte,
Erneut sich mir der namenlose Schmerz
Des drohenden Verlustes.

ELISABETH   Was verliert Ihr?

LEICESTER   Dein Herz, dein liebenswürdig Selbst verlier ich.
Bald wirst du in den jugendlichen Armen   1955
Des feurigen Gemahls dich glücklich fühlen,
Und ungeteilt wird er dein Herz besitzen.
Er ist von königlichem Blut, das bin
Ich nicht, doch Trotz sei aller Welt geboten,
Ob einer lebt auf diesem Erdenrund,   1960
Der mehr Anbetung für dich fühlt als ich.
Der Duc von Anjou hat dich nie gesehn,
Nur deinen Ruhm und Schimmer kann er lieben.
Ich liebe Dich. Wärst du die ärmste Hirtin,
Ich als der größte Fürst der Welt geboren,   1965
Zu deinem Stand würd ich herunter steigen,
Mein Diadem zu deinen Füßen legen.

ELISABETH   Beklag mich, Dudley, schilt mich nicht – Ich darf ja
Mein Herz nicht fragen. Ach! das hätte anders
Gewählt. Und wie beneid ich andre Weiber,   1970
Die das erhöhen dürfen, was sie lieben.
So glücklich bin ich nicht, daß ich dem Manne,
Der mir vor allen teuer ist, die Krone
Aufsetzen kann! – Der Stuart wards vergönnt,
Die Hand nach ihrer Neigung zu verschenken,   1975
Die hat sich jegliches erlaubt, sie hat
Den vollen Kelch der Freuden ausgetrunken.

LEICESTER   Jetzt trinkt sie auch den bittern Kelch des Leidens.

[1959] **doch Trotz . . .** but I defy the world

ELISABETH	Sie hat der Menschen Urteil nichts geachtet.
	Leicht wurd es ihr zu leben, nimmer lud sie 1980
	Das Joch sich auf, dem i c h mich unterwarf.
	Hätt ich doch auch Ansprüche machen können,
	Des Lebens mich, der Erde Lust zu freun,
	Doch zog ich strenge Königspflichten vor.
	Und doch gewann sie aller Männer Gunst, 1985
	Weil sie sich nur befliß, ein Weib zu sein,
	Und um sie buhlt die Jugend und das Alter.
	So sind die Männer. Lüstlinge sind alle!
	Dem Leichtsinn eilen sie, der Freude zu,
	Und schätzen nichts, was sie verehren müssen. 1990
	Verjüngte sich nicht dieser Talbot selbst,
	Als er auf ihren Reiz zu reden kam!
LEICESTER	Vergib es ihm. Er war ihr Wächter einst,
	Die Listge hat mit Schmeicheln ihn betört.
ELISABETH	Und ists denn wirklich wahr, daß sie so schön ist? 1995
	So oft mußt ich die Larve rühmen hören,
	Wohl möcht ich wissen, was zu glauben ist.
	Gemälde schmeicheln, Schilderungen lügen,
	Nur meinen eignen Augen würd ich traun.
	– Was schaut Ihr mich so seltsam an? 2000
LEICESTER	Ich stellte
	Dich in Gedanken neben die Maria.
	– Die Freude wünscht ich mir, ich berg es nicht,
	Wenn es ganz in geheim geschehen könnte,
	Der Stuart gegenüber dich zu sehn!
	Dann solltest du erst deines ganzen Siegs 2005
	Genießen! Die Beschämung gönnt ich ihr,

---

¹⁹⁸⁶ **sich befleißen** = sich eifrig bemühen   ¹⁹⁸⁷ **buhlen** = werben
[in der Liebe]   ¹⁹⁹⁶ **Larve** hier: Schönheit, die nur äußerlich ist wie
eine Larve oder Maske

Daß sie mit eignen Augen – denn der Neid
Hat scharfe Augen – überzeugt sich sähe,
Wie sehr sie auch an Adel der Gestalt
Von dir besiegt wird, der sie so unendlich   2010
In jeder andern würdgen Tugend weicht.

ELISABETH   Sie ist die Jüngere an Jahren.

LEICESTER   Jünger!
Man siehts ihr nicht an. Freilich ihre Leiden!
Sie mag wohl vor der Zeit gealtert haben.
Ja, und was ihre Kränkung bittrer machte,   2015
Das wäre, dich als Braut zu sehn! Sie hat
Des Lebens schöne Hoffnung hinter sich,
Dich sähe sie dem Glück entgegen schreiten!
Und als die Braut des Königssohns von Frankreich,
Da sie sich stets so viel gewußt, so stolz   2020
Getan mit der französischen Vermählung,
Noch jetzt auf Frankreichs mächtge Hilfe pocht!

ELISABETH   [nachlässig hinwerfend]
Man peinigt mich ja sie zu sehn.

LEICESTER   [lebhaft]   Sie foderts
Als eine Gunst, gewähr es ihr als Strafe!
Du kannst sie auf das Blutgerüste führen,   2025
Es wird sie minder peinigen, als sich
Von deinen Reizen ausgelöscht zu sehn.
Dadurch ermordest du sie, wie sie dich
Ermorden wollte – Wenn sie deine Schönheit
Erblickt, durch Ehrbarkeit bewacht, in Glorie   2030
Gestellt durch einen unbefleckten Tugendruf,
Den s i e, leichtsinnig buhlend, von sich warf,

2020 **sich viel wissen mit** sich viel einbilden auf; stolz sein auf
2022 **pochen auf** sich mit stolzer Zuversicht berufen auf   2032 **buhlen**
ein verbotenes Liebesverhältnis haben

Erhoben durch der Krone Glanz, und jetzt
Durch zarte Bräutlichkeit geschmückt – dann hat
Die Stunde der Vernichtung ihr geschlagen.　2035
Ja – wenn ich jetzt die Augen auf dich werfe –
Nie warst du, nie zu einem Sieg der Schönheit
Gerüsteter als eben jetzt – Mich selbst
Hast du umstrahlt wie eine Lichterscheinung,
Als du vorhin ins Zimmer tratest –Wie?　2040
Wenn du gleich jetzt, jetzt wie du bist, hinträtest
Vor sie, du findest keine schönre Stunde –

ELISABETH　Jetzt – Nein – Nein – Jetzt nicht, Leicester – Nein, das
Erst wohl bedenken – mich mit Burleigh – [muß ich

LEICESTER　[lebhaft einfallend]　　　　　Burleigh!
Der denkt allein auf deinen Staatsvorteil,　2045
Auch deine Weiblichkeit hat ihre Rechte,
Der zarte Punkt gehört vor D e i n Gericht,
Nicht vor des Staatsmanns – ja auch Staatskunst will es,
Daß du sie siehst, die öffentliche Meinung
Durch eine Tat der Großmut dir gewinnest!　2050
Magst du nachher dich der verhaßten Feindin,
Auf welche Weise dirs gefällt, entladen.

ELISABETH　Nicht wohlanständig wär mirs, die Verwandte
Im Mangel und in Schmach zu sehn. Man sagt,
Daß sie nicht königlich umgeben sei,　2055
Vorwerfend wär mir ihres Mangels Anblick.

LEICESTER　Nicht ihrer Schwelle brauchst du dich zu nahn.
Hör meinen Rat. Der Zufall hat es eben
Nach Wunsch gefügt. Heut ist das große Jagen,
An Fotheringhay führt der Weg vorbei,　2060
Dort kann die Stuart sich im Park ergehn,

[2056] **Vorwerfend** dichterisch [und dynamischer!] für: einen Vorwurf
machend = ein Vorwurf　[2061] **sich ergehen** = spazieren gehen

Du kommst ganz wie von ohngefähr dahin,
Es darf nichts als vorher bedacht erscheinen,
Und wenn es dir zuwider, redest du
Sie gar nicht an –   2065

ELISABETH   Begeh ich eine Torheit,
So ist es Eure, Leicester, nicht die meine.
Ich will Euch heute keinen Wunsch versagen,
Weil ich von meinen Untertanen allen
Euch heut am wehesten getan.
                    [*Ihn zärtlich ansehend*]
Seis eine Grille nur von Euch. Dadurch   2070
Gibt Neigung sich ja kund, daß sie bewilligt
Aus freier Gunst, was sie auch nicht gebilligt.
[*Leicester stürzt zu ihren Füßen, der Vorhang
                                    fällt.*]

2070 And even if it's only a whim of yours

DRITTER AUFZUG

GEGEND IN EINEM PARK. VORN MIT BÄUMEN BESETZT, HINTEN
EINE WEITE AUSSICHT

ERSTER AUFTRITT

*[M a r i a tritt in schnellem Lauf hinter Bäumen hervor.
H a n n a K e n n e d y folgt langsam.]*

KENNEDY   Ihr eilet ja, als wenn Ihr Flügel hättet,
            S o kann ich Euch nicht folgen, wartet doch!

MARIA   Laß mich der neuen Freiheit genießen,   2075
            Laß mich ein Kind sein, sei es mit!
            Und auf dem grünen Teppich der Wiesen
            Prüfen den leichten, geflügelten Schritt.
            Bin ich dem finstern Gefängnis entstiegen,
            Hält sie mich nicht mehr, die traurige Gruft?   2080
            Laß mich in vollen, in durstigen Zügen
            Trinken die freie, die himmlische Luft.

KENNEDY   O meine teure Lady! Euer Kerker
            Ist nur um ein klein weniges erweitert.
            Ihr seht nur nicht die Mauer, die uns einschließt,   2085
            Weil sie der Bäume dicht Gesträuch versteckt.

2075ff. und öfter — In dieser Szene spricht Maria nicht in Blankversen,
sondern in Daktylen (x́ x x oder x́ x). Das ist das festliche Metrum
der homerischen Epen. Aber statt der gemächlich dahinschreitenden
6 Hebungen dort haben wir hier nur 4 oder 5. Sie und der Reim
geben Marias Versen den Charakter eines strophischen Liedes; die
Daktylen und die wechselnde Zeilenlänge wirken tänzerisch bewegt

MARIA   O Dank, Dank diesen freundlich grünen Bäumen,
Die meines Kerkers Mauern mir verstecken!
Ich will mich frei und glücklich träumen,
Warum aus meinem süßen Wahn mich wecken?   2090
Umfängt mich nicht der weite Himmelsschoß?
Die Blicke, frei und fessellos,
Ergehen sich in ungemeßnen Räumen.
Dort, wo die grauen Nebelberge ragen,
Fängt meines Reiches Grenze an,   2095
Und diese Wolken, die nach Mittag jagen,
Sie suchen Frankreichs fernen Ozean.
Eilende Wolken! Segler der Lüfte!
Wer mit euch wanderte, mit euch schiffte!
Grüßet mir freundlich mein Jugendland!   2100
Ich bin gefangen, ich bin in Banden,
Ach, ich hab keinen andern Gesandten!
Frei in Lüften ist eure Bahn,
Ihr seid nicht dieser Königin untertan.

KENNEDY   Ach, teure Lady! Ihr seid außer Euch,   2105
Die langentbehrte Freiheit macht euch schwärmen.

MARIA   Dort legt ein Fischer den Nachen an!
Dieses elende Werkzeug könnte mich retten,
Brächte mich schnell zu befreundeten Städten.
Spärlich nährt es den dürftigen Mann.   2110
Beladen wollt ich ihn reich mit Schätzen,
Einen Zug sollt er tun, wie er keinen getan,
Das Glück sollt er finden in seinen Netzen,
Nähm er mich ein in den rettenden Kahn.

KENNEDY   Verlorne Wünsche! Seht Ihr nicht, daß uns   2115
Von ferne dort die Spähertritte folgen?

2110 **Spärlich nährt es den dürftigen Mann**
    x́ x / x́ x x / x́ x x / x́
2112 **Einen Zug sollt er tun, wie er keinen getan**
    x x / x́ x x / x́ x x / x́ x x / x́
2116 **Spähertritte** Tritte von Wächtern

Ein finster grausames Verbot scheucht jedes
Mitleidige Geschöpf aus unserm Wege.

MARIA   Nein, gute Hanna. Glaub mir, nicht umsonst
Ist meines Kerkers Tor geöffnet worden.   2120
Die kleine Gunst ist mir des größern Glücks
Verkünderin. Ich irre nicht. Es ist
Der Liebe tätge Hand, der ich sie danke.
Lord Leicesters mächtgen Arm erkenn ich drin.
Allmählich will man mein Gefängnis weiten,   2125
Durch Kleineres zum Größern mich gewöhnen,
Bis ich das Antlitz dessen endlich schaue,
Der mir die Bande löst auf immerdar.

KENNEDY   Ach, ich kann diesen Widerspruch nicht reimen!
Noch gestern kündigt man den Tod Euch an,   2130
Und heute wird Euch plötzlich solche Freiheit.
Auch denen, hört ich sagen, wird die Kette
Gelöst, auf die die ewge Freiheit wartet.

MARIA   Hörst du das Hifthorn? Hörst dus klingen,
Mächtigen Rufes, durch Feld und Hain?   2135
Ach, auf das mutige Roß mich zu schwingen,
An den fröhlichen Zug mich zu reihn!
Noch mehr! O die bekannte Stimme,
Schmerzlich süßer Erinnnerung voll.
Oft vernahm sie mein Ohr mit Freuden,   2140
Auf des Hochlands bergigten Heiden,
Wenn die tobende Jagd erscholl.

2134 **Hifthorn** = Jagdhorn   3135 **Mächtigen Rufes** mit mächtigem
Ruf   2137 **Zug** Zug der Jäger; Jagdgesellschaft. Vgl. 2226.
Jagdgefolge   2141 **bergig(t)**

ZWEITER AUFTRITT

[Paulet. Die Vorigen.]

PAULET   Nun! Hab ichs endlich recht gemacht, Mylady?
Verdien ich einmal Euern Dank?

MARIA   Wie, Ritter?
Seid Ihrs, der diese Gunst mir ausgewirkt?   2145
Ihr seids?

PAULET   Warum soll ichs nicht sein? Ich war
Am Hof, ich überbrachte Euer Schreiben –

MARIA   Ihr übergabt es? Wirklich, tatet Ihrs?
Und diese Freiheit, die ich jetzt genieße,
Ist eine Frucht des Briefs –   2150

PAULET   *[mit Bedeutung]*   Und nicht die einzge!
Macht Euch auf eine größre noch gefaßt.

MARIA   Auf eine größre, Sir? Was meint Ihr damit?

PAULET   Ihr hörtet doch die Hörner –

MARIA   *[zurückfahrend, mit Ahndung]*
                                        Ihr erschreckt mich!

PAULET   Die Königin jagt in dieser Gegend.

MARIA   Was?

PAULET   In wenig Augenblicken steht sie vor Euch.   2155

---

²¹⁵⁰ **Frucht** = Wirkung, Ergebnis   ²¹⁵³ **Ahndung** heute: Ahnung

KENNEDY [*auf Maria zueilend, welche zittert und hinzu-*
sinken droht]
Wie wird Euch, teure Lady! Ihr verblaßt.

PAULET Nun? Ists nun nicht recht? Wars nicht Eure Bitte?
Sie wird Euch früher gewährt, als Ihr gedacht.
Ihr wart sonst immer so geschwinder Zunge,
Jetzt bringet Eure Worte an, jetzt ist   2160
Der Augenblick zu reden!

MARIA O warum hat man mich nicht vorbereitet!
Jetzt bin ich nicht darauf gefaßt, jetzt nicht.
Was ich mir als die höchste Gunst erbeten, [Hanna,
Dünkt mir jetzt schrecklich, fürchterlich – Komm,   2165
Führ mich ins Haus, daß ich mich fasse, mich
Erhole –

PAULET   Bleibt. Ihr müßt sie hier erwarten.
Wohl, wohl mags Euch beängstigen, ich glaubs,
Vor Eurem Richter zu erscheinen.

DRITTER AUFTRITT

[*Graf Shrewsbury zu den Vorigen.*]

MARIA Es ist nicht darum! Gott, mir ist ganz anders   2170
Zu Mut – Ach edler Shrewsbury! Ihr kommt,
Vom Himmel mir ein Engel zugesendet!
– Ich kann sie nicht sehn! Rettet, rettet mich
Von dem verhaßten Anblick –

2156 **verblassen** erblassen, ganz blaß werden, in Ohnmacht fallen
2159 **geschwinder Zunge** nimble tongued   2165 **Dünkt mir** scheint mir
2172 **mir(als)** ein Engel zugesendet

SHREWSBURY	Kommt zu Euch, Königin! Faßt Euren Mut	2175
	Zusammen. Das ist die entscheidungsvolle Stunde.	

MARIA   Ich habe drauf geharret – Jahre lang
Mich drauf bereitet, alles hab ich mir
Gesagt und ins Gedächtnis eingeschrieben,
Wie ich sie rühren wollte und bewegen!   2180
Vergessen plötzlich, ausgelöscht ist alles,
Nichts lebt in mir in diesem Augenblick,
Als meiner Leiden brennendes Gefühl.
In blutgen Haß gewendet wider sie
Ist mir das Herz, es fliehen alle guten   2185
Gedanken, und die Schlangenhaare schüttelnd
Umstehen mich die finstern Höllengeister.

SHREWSBURY   Gebietet Eurem wild empörten Blut,
Bezwingt des Herzens Bitterkeit! Es bringt
Nicht gute Frucht, wenn Haß dem Haß begegnet.   2190
Wie sehr auch Euer Innres widerstrebe,
Gehorcht der Zeit und dem Gesetz der Stunde!
Sie ist die Mächtige – demütigt Euch!

MARIA   Vor ihr! Ich kann es nimmermehr.

SHREWSBURY   Tuts dennoch!
Sprecht ehrerbietig, mit Gelassenheit!   2195
Ruft ihre Großmut an, trotzt nicht, jetzt nicht
Auf Euer Recht, jetzo ist nicht die Stunde.

MARIA   Ach mein Verderben hab ich mir erfleht,
Und mir zum Fluche wird mein Flehn erhört!
Nie hätten wir uns sehen sollen, niemals!   2200
Daraus kann nimmer, nimmer Gutes kommen!
Eh mögen Feur und Wasser sich in Liebe
Begegnen und das Lamm den Tiger küssen –

2197 **jetzo** heute: jetzt   2201 **nimmer** heute: niemals   2202 **Eh** = Eher

Ich bin zu schwer verletzt – sie hat zu schwer
Beleidigt – Nie ist zwischen uns Versöhnung! 2205

SHREWSBURY Seht sie nur erst von Angesicht!
Ich sah es ja, wie sie von Eurem Brief
Erschüttert war, ihr Auge schwamm in Tränen.
Nein, sie ist nicht gefühllos, hegt Ihr selbst
Nur besseres Vertrauen – Darum eben 2210
Bin ich voraus geeilt, damit ich Euch
In Fassung setzen und ermahnen möchte.

MARIA [*seine Hand ergreifend*]
Ach Talbot! Ihr wart stets mein Freund – daß ich
In Eurer milden Haft geblieben wäre!
Es ward mir hart begegnet, Shrewsbury! 2215

SHREWSBURY Vergeßt jetzt alles. Darauf denkt allein,
Wie Ihr sie unterwürfig wollt empfangen.

MARIA Ist Burleigh auch mit ihr, mein böser Engel?

SHREWSBURY Niemand begleitet sie als Graf von Leicester.

MARIA Lord Leicester! 2220

SHREWSBURY Fürchtet nichts von ihm, Nicht er
Will Euren Untergang – Sein Werk ist es,
Daß Euch die Königin die Zusammenkunft
Bewilligt.

MARIA Ach! Ich wußt es wohl!

SHREWSBURY Was sagt Ihr?

PAULET Die Königin kommt!

2213–2217 fehlt Bf.   2215 = Ich wurde hart behandelt
2216 **Darauf denken** daran denken; darauf achten

[*Alles weicht auf die Seite; nur Maria bleibt, auf
die Kennedy gelehnt*]

VIERTER AUFTRITT

[*Die Vorigen. Elisabeth. Graf Leicester. Gefolge.*]

ELISABETH   [*zu Leicester*]
Wie heißt der Landsitz?   2225

LEICESTER   Fotheringhayschloß.

ELISABETH   [*zu Shrewsbury*]
Schickt unser Jagdgefolg voraus nach London,
Das Volk drängt allzuheftig in den Straßen,
Wir suchen Schutz in diesem stillen Park.
[*Talbot entfernt das Gefolge. Sie fixiert mit den
Augen die Maria, indem sie zu Paulet weiter
spricht*]
Mein gutes Volk liebt mich zu sehr. Unmäßig,
Abgöttisch sind die Zeichen seiner Freude,   2230
So ehrt man einen Gott, nicht einen Menschen.

MARIA   [*welche diese Zeit über halb ohnmächtig auf die
Amme gelehnt war, erhebt sich jetzt und ihr
Auge begegnet dem gespannten Blick der Elisa-
beth. Sie schaudert zusammen und wirft sich
wieder an der Amme Brust*]
O Gott, aus diesen Zügen spricht kein Herz!

ELISABETH   Wer ist die Lady?
               [*Ein allgemeines Schweigen*]

LEICESTER   — Du bist zu Fotheringhay, Königin.

ELISABETH   *[stellt sich überrascht und erstaunt, einen finstern*
    Blick auf Leicestern richtend]
    Wer hat mir das getan? Lord Leicester!   2235

LEICESTER   Es ist geschehen, Königin – Und nun
    Der Himmel deinen Schritt hieher gelenkt,
    So laß die Großmut und das Mitleid siegen.

SHREWSBURY   Laß dich erbitten, königliche Frau,
    Dein Aug auf die Unglückliche zu richten,   2240
    Die hier vergeht vor deinem Anblick.
    [Maria rafft sich zusammen und will auf die
    Elisabeth zugehen, steht aber auf halbem Weg
    schaudernd still, ihre Gebärden drücken den
    heftigsten Kampf aus]

ELISABETH   Wie, Mylords?
    Wer war es denn, der eine Tiefgebeugte
    Mir angekündigt? Eine Stolze find ich,
    Vom Unglück keineswegs geschmeidigt.

MARIA   Seis!
    Ich will mich auch noch diesem unterwerfen.   2245
    Fahr hin, ohnmächtger Stolz der edeln Seele!
    Ich will vergessen, wer ich bin, und was
    Ich litt, ich will vor ihr mich niederwerfen,
    Die mich in diese Schmach herunterstieß.
    [Sie wendet sich gegen die Königin]
    Der Himmel hat für Euch entschieden, Schwester!   2250
    Gekrönt vom Sieg ist Euer glücklich Haupt,
    Die G o t t h e i t bet ich an, die Euch erhöhte!
    [Sie fällt vor ihr nieder]
    Doch seid auch I h r nun edelmütig, Schwester!

[2234] **sich stellen** tun, als ob   [2236] **Und nun** Und da jetzt . . .
[2244] **geschmeidigt** geschmeidig [weich, biegsam] gemacht. **Seis!** =
so be it!

Laßt mich nicht schmachvoll liegen, Eure Hand
Streckt aus, reicht mir die königliche Rechte, 2255
Mich zu erheben von dem tiefen Fall.

ELISABETH [*zurücktretend*]
Ihr seid an Eurem Platz, Lady Maria!
Und dankend preis ich meines Gottes Gnade,
Der nicht gewollt, daß ich zu Euren Füßen
So liegen sollte, wie Ihr jetzt zu meinen. 2260

MARIA [*mit steigendem Affekt*]
Denkt an den Wechsel alles Menschlichen!
Es leben Götter, die den Hochmut rächen!
Verehret, fürchtet sie, die schrecklichen,
Die mich zu Euren Füßen niederstürzen –
Um dieser fremden Zeugen willen, ehrt 2265
In mir Euch selbst, entweihet, schändet nicht
Das Blut der Tudor, das in meinen Adern
Wie in den Euren fließt – O Gott im Himmel!
Steht nicht da, schroff und unzugänglich, wie
Die Felsenklippe, die der Strandende 2270
Vergeblich ringend zu erfassen strebt.
Mein Alles hängt, mein Leben, mein Geschick,
An meiner Worte, meiner Tränen Kraft,
Löst m i r das Herz, daß ich das Eure rühre!
Wenn Ihr mich anschaut mit dem Eisesblick, 2275
Schließt sich das Herz mir schaudernd zu, der Strom
Der Tränen stockt, und kaltes Grausen fesselt
Die Flehensworte mir im Busen an.

ELISABETH [*kalt und streng*]
Was habt Ihr mir zu sagen, Lady Stuart?
Ihr habt mich sprechen wollen. Ich vergesse 2280
Die Königin, die schwer beleidigte,
Die fromme Pflicht der Schwester zu erfüllen,
Und meines Anblicks Trost gewähr ich Euch.
Dem Trieb der Großmut folg ich, setze mich
Gerechtem Tadel aus, daß ich so weit 2285

116

Herunter steige – denn Ihr wißt,
Daß Ihr mich habt ermorden lassen wollen.

MARIA   Womit soll ich den Anfang machen, wie
Die Worte klüglich stellen, daß sie Euch
Das Herz ergreifen, aber nicht verletzen!   2290
O Gott, gib meiner Rede Kraft, und nimm
Ihr jeden Stachel, der verwunden könnte!
Kann ich doch für mich selbst nicht sprechen, ohne
Schwer zu verklagen, und das will ich nicht.   [Euch
– Ihr habt an mir gehandelt, wie nicht recht ist,   2295
Denn ich bin eine Königin wie Ihr,
Und Ihr habt als Gefangne mich gehalten,
Ich kam zu Euch als eine Bittende,
Und Ihr, des Gastrechts heilige Gesetze,
Der Völker heilig Recht in mir verhöhnend,   2300
Schloßt mich in Kerkermauern ein, die Freunde,
Die Diener werden grausam mir entrissen,
Unwürdgem Mangel werd ich preisgegeben,
Man stellt mich vor ein schimpfliches Gericht –
Nichts mehr davon! Ein ewiges Vergessen   2305
Bedecke, was ich Grausames erlitt.
– Seht! Ich will alles eine Schickung nennen,
I h r seid nicht schuldig, i c h bin auch nicht schuldig,
Ein böser Geist stieg aus dem Abgrund auf,
Den Haß in unsern Herzen zu entzünden,   2310
Der unsre zarte Jugend schon entzweit.
Er wuchs mit uns, und böse Menschen fachten
Der unglückselgen Flamme Atem zu.
Wahnsinnge Eiferer bewaffneten
Mit Schwert und Dolch die unberufne Hand –   2315
Das ist das Fluchgeschick der Könige,
Daß sie, entzweit, die Welt in Haß zerreißen,

---

²³⁰⁷ **Schickung** = Schicksal   ²³¹²ᶠ· poetisch für: die Flamme
anfachen, durch Anblasen verstärken. Vgl. *anblasen* 2343
²³¹⁵ **unberufen** unaufgefordert

Und jeder Zwietracht Furien entfesseln.
— Jetzt ist kein fremder Mund mehr zwischen uns,
[*nähert sich ihr zutraulich und mit schmeicheln-
dem Ton*]
Wir stehn einander selbst nun gegenüber.   2320
Jetzt, Schwester, redet! Nennt mir meine Schuld,
Ich will Euch völliges Genügen leisten.
Ach, daß Ihr damals mir Gehör geschenkt,
Als ich so dringend Euer Auge suchte!
Es wäre nie so weit gekommen, nicht   2325
An diesem traurgen Ort geschähe jetzt
Die unglückselig traurige Begegnung.

ELISABETH Mein guter Stern bewahrte mich davor,
Die Natter an den Busen mir zu legen.
— Nicht die Geschicke, Euer schwarzes Herz   2330
Klagt an, die wilde Ehrsucht Eures Hauses.
Nichts Feindliches war zwischen uns geschehn,
Da kündigte mir Euer Ohm, der stolze,
Herrschwütge Priester, der die freche Hand
Nach allen Kronen streckt, die Fehde an,   2335
Betörte Euch, mein Wappen anzunehmen,
Euch meine Königstitel zuzueignen,
Auf Tod und Leben in den Kampf mit mir
Zu gehn — Wen rief er gegen mich nicht auf?
Der Priester Zungen und der Völker Schwert,   2340
Des frommen Wahnsinns fürchterliche Waffen,
Hier selbst, im Friedenssitze meines Reichs,
Blies er mir der Empörung Flammen an —
Doch Gott ist mit mir, und der stolze Priester
Behält das Feld nicht — Meinem Haupte war   2345
Der Streich gedrohet, und das Eure fällt!

[2318] And unleash the Furies of every discord   [2323] **geschenkt**
(hättet)   [2333]–[2338] Vgl. S. 8   [2337] heute: der Titel

MARIA   Ich steh in Gottes Hand. Ihr werdet Euch
So blutig Eurer Macht nicht überheben –

ELISABETH   Wer soll mich hindern? Euer Oheim gab
Das Beispiel allen Königen der Welt,   2350
Wie man mit seinen Feinden Frieden macht,
Die Sankt Barthelemi sei meine Schule!
Was ist mir Blutsverwandtschaft, Völkerrecht?
Die Kirche trennet aller Pflichten Band,
Den Treubruch heiligt sie, den Königsmord,   2355
Ich übe nur, was Eure Priester lehren.
Sagt! Welches Pfand gewährte mir für Euch,
Wenn ich großmütig Eure Bande löste?
Mit welchem Schloß verwahr ich Eure Treue,
Das nicht Sankt Peters Schlüssel öffnen kann?   2360
Gewalt nur ist die einzge Sicherheit,
Kein Bündnis ist mit dem Gezücht der Schlangen.

MARIA   O das ist Euer traurig finstrer Argwohn!
Ihr habt mich stets als eine Feindin nur
Und Fremdlingin betrachtet. Hättet Ihr   2365
Zu Eurer Erbin mich erklärt, wie mir
Gebührt, so hätten Dankbarkeit und Liebe
Euch eine treue Freundin und Verwandte
In mir erhalten.

ELISABETH   Draußen, Lady Stuart,
Ist Eure Freundschaft, Euer Haus das Papsttum,   2370
Der Mönch ist Euer Bruder – Euch, zur Erbin
Erklären! Der verräterische Fallstrick!

2347f. Ihr werdet die rechtlichen Grenzen Eurer Macht nicht auf
so überhebliche Weise überschreiten, daß Ihr sie zu einer so blutigen
Entscheidung mißbraucht   2352 Vgl. S. 8   2354–2356 Vgl. S. 10
2357 **Pfand gewähren** Gewähr, Sicherheit, Garantie geben   2360 Vgl.
Löseschlüssel 284   2362 **Gezücht** Brut, Familie   2366 Vgl. S. 7

Daß Ihr bei meinem Leben noch mein Volk
Verführtet, eine listige Armida
Die edle Jugend meines Königreichs   2375
In Eurem Buhlernetze schlau verstricktet –
Daß alles sich der neu aufgehnden Sonne
Zuwendete, und ich –

MARIA   Regiert in Frieden!
Jedwedem Anspruch auf dies Reich entsag ich.
Ach, meines Geistes Schwingen sind gelähmt,   2380
Nicht Größe lockt mich mehr – Ihr habts erreicht,
Ich bin nur noch der Schatten der Maria.
Gebrochen ist in langer Kerkerschmach
Der edle Mut – Ihr habt das Äußerste an mir
Getan, habt mich zerstört in meiner Blüte!   2385
– Jetzt macht ein Ende, Schwester. Sprecht es aus,
Das Wort, um dessentwillen Ihr gekommen,
Denn nimmer will ich glauben, daß Ihr kamt,
Um Euer Opfer grausam zu verhöhnen.
Sprecht dieses Wort aus. Sagt mir: „Ihr seid frei,   2390
Maria! Meine Macht habt Ihr gefühlt,
Jetzt lernet meinen Edelmut verehren."
Sagts, und ich will mein Leben, meine Freiheit
Als ein Geschenk aus Eurer Hand empfangen.
– Ein Wort macht alles ungeschehn. Ich warte   2395
Darauf. O laßt michs nicht zu lang erharren!
Weh Euch, wenn Ihr mit diesem Wort nicht endet!
Denn wenn Ihr jetzt nicht segenbringend, herrlich,
Wie eine Gottheit von mir scheidet – Schwester!
Nicht um dies ganze reiche Eiland, nicht   2400
Um alle Länder, die das Meer umfaßt,
Möcht ich vor Euch so stehn, wie Ihr vor mir!

2374 **Armida** Verführerin in Torquato Tassos Epos *Das Befreite
Jerusalem* [1576]   2376 **Buhlernetz** Liebesnetz   2379 **Jedwedem**
heute: jedem. **Anspruch** claim   2380 **Schwingen** = Flügel

ELISABETH Bekennt Ihr endlich Euch für überwunden?
Ists aus mit Euren Ränken? Ist kein Mörder
Mehr unterweges? Will kein Abenteurer   2405
Für Euch die traurge Ritterschaft mehr wagen?
– Ja, es ist aus, Lady Maria. Ihr verführt
Mir keinen mehr. Die Welt hat andre Sorgen.
Es lüstet keinen Euer – vierter Mann
Zu werden, denn Ihr tötet Eure Freier   2410
Wie Eure Männer!

MARIA *[auffahrend]*   Schwester! Schwester!
O Gott! Gott! Gib mir Mäßigung!

ELISABETH *[sieht sie lange mit einem Blick stolzer Verach-*
tung an]
Das also sind die Reizungen, Lord Leicester,
Die ungestraft kein Mann erblickt, daneben
Kein andres Weib sich wagen darf zu stellen! 2415
Fürwahr! Der Ruhm war wohlfeil zu erlangen,
Es kostet nichts, die a l l g e m e i n e Schönheit
Zu sein, als die g e m e i n e sein für a l l e!

MARIA Das ist zu viel!

ELISABETH *[höhnisch lachend]*
     Jetzt zeigt Ihr Euer wahres
Gesicht, bis jetzt wars nur die Larve.   2420

MARIA *[von Zorn glühend, doch mit einer edeln Würde]*

2409 **Es lüstet keinen** = Keiner hat Lust 2417f. Elisabeth spielt mit
den Worten *allgemein, gemein* und *alle. Gemein* hat die
Doppelbedeutung „allgemein" und „moralisch niedrig"
2416 **Fürwahr** wahrhaftig, indeed 2420 **Larve** = Maske, vgl. 1996

Ich habe menschlich, jugendlich gefehlt,
Die Macht verführte mich, ich hab es nicht
Verheimlicht und verborgen, falschen Schein
Hab ich verschmäht, mit königlichem Freimut.
Das Ärgste weiß die Welt von mir und ich   2425
Kann sagen, ich bin besser als mein Ruf.
Weh Euch, wenn sie von Euren Taten einst
Den Ehrenmantel zieht, womit Ihr gleißend
Die wilde Glut verstohlner Lüste deckt.
Nicht Ehrbarkeit habt Ihr von Eurer Mutter   2430
Geerbt, man weiß, um welcher Tugend willen
Anna von Boleyn das Schafott bestiegen.

SHREWSBURY   [*tritt zwischen beide Königinnen*]
O Gott des Himmels! Muß es dahin kommen!
Ist das die Mäßigung, die Unterwerfung,
Lady Maria?   2435

MARIA   Mäßigung! Ich habe
Ertragen, was ein Mensch ertragen kann.
Fahr hin, lammherzige Gelassenheit,
Zum Himmel fliehe, leidende Geduld,
Spreng endlich deine Bande, tritt hervor
Aus deiner Höhle, langverhaltner Groll –   2440
Und d u, der dem gereizten Basilisk
Den Mordblick gab, leg auf die Zunge mir
Den giftgen Pfeil –

2421 Ein ähnlicher Streit fand zwischen den Königinnen wirklich
statt, allerdings nur brieflich. Lady Shrewsbury verleumdete Maria
bei Elisabeth, weil sie eine Liebesaffäre zwischen Maria und Shrewsbury vermutete. Die erbitterte Maria berichtete daraufhin der
Königin alles, was sie von derselben Dame über Elisabeths geheime
Ausschweifungen gehört hatte. Diese Offenheit hat Maria natürlich
sehr geschadet.   2428 **gleißend** mit heuchlerischem Schein, vgl. 1632
gleisnerisch, 1638 **Heuchelschein**   2430ff. Anna Boleyn wurde wegen
angeblichen Ehebruchs enthauptet. Vgl. S. 6   2441 **du** vermutlich
ist der *Groll* angeredet [2440]. **Basilisk** Fabelwesen, dessen Blick tötet

SHREWSBURY   O sie ist außer sich!
Verzeih der Rasenden, der schwer Gereizten!
[Elisabeth, für Zorn sprachlos, schießt wütende
Blicke auf Marien]

LEICESTER   *[in der heftigsten Unruhe, sucht die Elisabeth hin-*
weg zu führen]
Höre
Die Wütende nicht an! Hinweg, hinweg   2445
Von diesem unglückselgen Ort!

MARIA   Der Thron von England ist durch einen Bastard
Entweiht, der Briten edelherzig Volk
Durch eine listge Gauklerin betrogen.
– Regierte Recht, so läget I h r vor mir   2450
Im Staube jetzt, denn i c h bin Euer König.
[Elisabeth geht schnell ab, die Lords folgen ihr in
der höchsten Bestürzung]

FÜNFTER AUFTRITT

[Maria. Kennedy.]

KENNEDY   O was habt Ihr getan! Sie geht in Wut!
Jetzt ist es aus und alle Hoffnung schwindet.

MARIA   *[noch ganz außer sich]*
Sie geht in Wut! Sie trägt den Tod im Herzen!
[Der Kennedy um den Hals fallend]
O wie mir wohl ist, Hanna! Endlich, endlich   2455
Nach Jahren der Erniedrigung, der Leiden,
Ein Augenblick der Rache, des Triumphs!
Wie Bergeslasten fällts von meinem Herzen,
Das Messer stieß ich in der Feindin Brust.

123

KENNEDY Unglückliche! Der Wahnsinn reißt Euch hin, 2460
Ihr habt die Unversöhnliche verwundet.
Sie führt den Blitz, sie ist die Königin,
Vor ihrem Buhlen habt Ihr sie verhöhnt!

MARIA Vor Leicesters Augen hab ich sie erniedrigt!
Er sah es, er bezeugte meinen Sieg! 2465
Wie ich sie niederschlug von ihrer Höhe,
Er stand dabei, mich stärkte seine Nähe!

SECHSTER AUFTRITT

[Mortimer zu den Vorigen.]

KENNEDY O Sir! Welch ein Erfolg –

MORTIMER   Ich hörte alles.
*[Gibt der Amme ein Zeichen, sich auf ihren
Posten zu begeben, und tritt näher. Sein ganzes
Wesen drückt eine heftige leidenschaftliche Stim-
mung aus]*
Du hast gesiegt! Du tratst sie in den Staub,
Du warst die Königin, sie der Verbrecher. 2470
Ich bin entzückt von deinem Mut, ich bete
Dich an, wie eine Göttin groß und herrlich
Erscheinst du mir in diesem Augenblick.

MARIA Ihr spracht mit Leicestern, überbrachtet ihm
Mein Schreiben, mein Geschenk – O redet, Sir! 2475

MORTIMER *[mit glühenden Blicken sie betrachtend]*

---

²⁴⁶⁸ **Erfolg** = Ergebnis, Resultat

Wie dich der edle königliche Zorn
Umglänzte, deine Reize mir verklärte!
Du bist das schönste Weib auf dieser Erde!

MARIA   Ich bitt Euch, Sir! Stillt meine Ungeduld.
Was spricht Mylord? O sagt, was darf ich hoffen?   2480

MORTIMER   Wer? Er? das ist ein Feiger, Elender!
Hofft nichts von ihm, verachtet ihn, vergeßt ihn!

MARIA   Was sagt Ihr?

MORTIMER   Er Euch retten und besitzen!
Er Euch! Er soll es wagen! Er! Mit mir
Muß er auf Tod und Leben darum kämpfen!   2485

MARIA   Ihr habt ihm meinen Brief nicht übergeben?
– O dann ists aus!

MORTIMER   Der Feige liebt das Leben.
Wer dich will retten und die Seine nennen,
Der muß den Tod beherzt umarmen können.

MARIA   Er will nichts für mich tun!   2490

MORTIMER   Nichts mehr von ihm!
Was kann er tun, und was bedarf man sein?
Ich will dich retten, ich allein!

MARIA   Ach, was vermögt Ihr!

MORTIMER   Täuschet Euch nicht mehr,
Als ob es noch wie gestern mit Euch stünde!

[2488f.] Düstere Ironie liegt über diesen Worten. Außer dem Sinn, den
Mortimer meint, bedeuten sie: Wer Maria umarmen will, der will
eine Tote umarmen   [2491] **sein(er)** [Genit.] of him

So wie die Königin jetzt von Euch ging, 2495
Wie dies Gespräch sich wendete, ist alles
Verloren, jeder Gnadenweg gesperrt.
Der Tat bedarfs jetzt, Kühnheit muß entscheiden,
Für alles werde alles frisch gewagt,
Frei müßt Ihr sein, noch eh der Morgen tagt. 2500

MARIA Was sprecht Ihr? diese Nacht! Wie ist das möglich?

MORTIMER Hört, was beschlossen ist. Versammelt hab ich
In heimlicher Kapelle die Gefährten,
Ein Priester hörte unsre Beichte an,
Ablaß ist uns erteilt für alle Schulden, 2505
Die wir begingen, Ablaß im voraus
Für alle, die wir noch begehen werden.
Das letzte Sakrament empfingen wir,
Und fertig sind wir zu der letzten Reise.

MARIA O welche fürchterliche Vorbereitung! 2510

MORTIMER Dies Schloß ersteigen wir in dieser Nacht,
Der Schlüssel bin ich mächtig. Wir ermorden
Die Hüter, reißen dich aus deiner Kammer
Gewaltsam, sterben muß von unsrer Hand,
Daß niemand überbleibe, der den Raub 2515
Verraten könne, jede lebende Seele.

MARIA Und Drury, Paulet, meine Kerkermeister?
O eher werden sie ihr letztes Blut –

MORTIMER Von meinem Dolche fallen sie zuerst!

MARIA Was? Euer Oheim, Euer zweiter Vater? 2520

MORTIMER Von meinen Händen stirbt er. Ich ermord ihn.

2505 Vgl. S. 10

MARIA   O blutger Frevel!

MORTIMER   Alle Frevel sind
Vergeben im voraus. Ich kann das Ärgste
Begehen, und ich wills.

MARIA   O schrecklich, schrecklich!

MORTIMER   Und müßt ich auch die Königin durchbohren,   2525
Ich hab es auf die Hostie geschworen.

MARIA   Nein, Mortimer! Eh so viel Blut um mich –

MORTIMER   Was ist mir alles Leben gegen dich
Und meine Liebe! Mag der Welten Band
Sich lösen, eine zweite Wasserflut   2530
Herwogend alles Atmende verschlingen!
– Ich achte nichts mehr! Eh ich dir entsage,
Eh nahe sich das Ende aller Tage.

MARIA   [zurücktretend]
Gott! Welche Sprache, Sir, und – welche Blicke!
– Sie schrecken, sie verscheuchen mich.   2535

MORTIMER   [mit irren Blicken, und im Ausdruck des stillen
Wahnsinns]
                 Das Leben ist
Nur ein Moment, der Tod ist auch nur einer!
– Man schleife mich nach Tyburn, Glied für Glied
Zerreiße man mit glühnder Eisenzange,
[indem er heftig auf sie zugeht, mit ausgebreite-
ten Armen]
Wenn ich dich, Heißgeliebte, umfange –

2523f. vgl. 2505   2526 **Hostie** geweihtes Brot, das der Gläubige als
Leib Christi bei der Kommunion zu sich nimmt   2537f. **Tyburn**
Hinrichtungsplatz, wo Babington und seine Gefährten grausam
umgebracht wurden

MARIA   *[zurücktretend]*
          Unsinniger, zurück –   2540

MORTIMER   An dieser Brust,
    Auf diesem Liebe atmenden Munde –

MARIA   Um Gotteswillen, Sir! Laßt mich hinein gehn!

MORTIMER   Der ist ein Rasender, der nicht das Glück
    Festhält in unauflöslicher Umarmung,
    Wenn es ein Gott in seine Hand gegeben.   2545
    Ich will dich retten, kost es tausend Leben,
    Ich rette dich, ich will es, doch so wahr
    Gott lebt! Ich schwörs, ich will dich auch besitzen.

MARIA   O will kein Gott, kein Engel mich beschützen!
    Furchtbares Schicksal! Grimmig schleuderst du   2550
    Von einem Schrecknis mich dem andern zu.
    Bin ich geboren, nur die Wut zu wecken?
    Verschwört sich Haß und Liebe, mich zu schrecken.

MORTIMER   Ja glühend, wie sie hassen, lieb ich dich!
    Sie wollen dich enthaupten, diesen Hals,   2555
    Den blendend weißen, mit dem Beil durchschneiden.
    O weihe du dem Lebensgott der Freuden,
    Was du dem Hasse blutig opfern mußt.
    Mit diesen Reizen, die nicht dein mehr sind,
    Beselige den glücklichen Geliebten.   2560
    Die schöne Locke, dieses seidne Haar,
    Verfallen schon den finstern Todesmächten,
    Gebrauchs, den Sklaven ewig zu umflechten!

MARIA   O welche Sprache muß ich hören! Sir!
    Mein Unglück sollt Euch heilig sein, mein Leiden,   2565
    Wenn es mein königliches Haupt nicht ist.

MORTIMER   Die Krone ist von deinem Haupt gefallen,

128

Du hast nichts mehr von irdscher Majestät,
Versuch es, laß dein Herrscherwort erschallen,
Ob dir ein Freund, ein Retter aufersteht.   2570
Nichts blieb dir als die rührende Gestalt,
Der hohen Schönheit göttliche Gewalt,
Die läßt mich alles wagen und vermögen,
Die treibt dem Beil des Henkers mich entgegen –

MARIA   O wer errettet mich von seiner Wut!   2575

MORTIMER   Verwegner Dienst belohnt sich auch verwegen!
Warum versprützt der Tapfere sein Blut?
Ist Leben doch des Lebens höchstes Gut!
Ein Rasender, der es umsonst verschleudert!
Erst will ich ruhn an seiner wärmsten Brust –   2580
                [*Er preßt sie heftig an sich*]

MARIA   O muß ich Hülfe rufen gegen den Mann,
Der mein Erretter –

MORTIMER   Du bist nicht gefühllos,
Nicht kalter Strenge klagt die Welt dich an,
Dich kann die heiße Liebesbitte rühren,
Du hast den Sänger Rizzio beglückt,   2585
Und jener Bothwell durfte dich entführen.

MARIA   Vermessener!

MORTIMER   Er war nur dein Tyrann!
Du zittertest vor ihm, da du ihn liebtest!
Wenn nur der Schrecken dich gewinnen kann,
Beim Gott der Hölle! –   2590

MARIA   Laßt mich! Raset Ihr?

2577 **versprützt** = verspritzt   2580 **seiner** des Lebens; der ganze
Ausdruck ist Metapher für: Marias Brust

MORTIMER   Erzittern sollst du auch vor mir!

KENNEDY   [*hereinstürzend*]
Man naht. Man kommt. Bewaffnet Volk erfüllt
Den ganzen Garten.

MORTIMER   [*auffahrend und zum Degen greifend*]
               Ich beschütze dich.

   MARIA   O Hanna! Rette mich aus seinen Händen!
Wo find ich Ärmste einen Zufluchtsort?   2595
Zu welchem Heiligen soll ich mich wenden?
Hier ist Gewalt und drinnen ist der Mord.
    [*Sie flieht dem Hause zu, Kennedy folgt*]

SIEBENTER AUFTRITT

[*Mortimer. Paulet und Drury, welche außer sich herein-
stürzen. Gefolge eilt über die Szene.*]

PAULET   Verschließt die Pforten. Zieht die Brücken auf!

MORTIMER   Oheim, was ists?

PAULET   Wo ist die Mörderin?
Hinab mit ihr ins finsterste Gefängnis!   2600

MORTIMER   Was gibts? Was ist geschehn?

PAULET   Die Königin!
Verfluchte Hände! Teuflisches Erkühnen!

MORTIMER   Die Königin! Welche Königin?

2602 **erkühnen** vermessenes Wagnis unternehmen

130

PAULET   Von England!
Sie ist ermordet auf der Londner Straßen!
[*Eilt ins Haus*]

ACHTER AUFTRITT

[*Mortimer. Gleich darauf Okelly.*]

MORTIMER   Bin ich im Wahnwitz? Kam nicht eben jemand   2605
Vorbei und rief: Die Königin sei ermordet?
Nein, nein, mir träumte nur. Ein Fieberwahn
Bringt mir als wahr und wirklich vor den Sinn,
Was die Gedanken gräßlich mir erfüllt.
Wer kommt? Es ist Okell'. So schreckenvoll!   2610

OKELLY   [*hereinstürzend*]
Flieht, Mortimer! Flieht. Alles ist verloren.

MORTIMER   Was ist verloren?

OKELLY   Fragt nicht lange. Denkt
Auf schnelle Flucht.

MORTIMER   Was gibts denn?

OKELLY   Sauvage führte
Den Streich, der Rasende.

MORTIMER   So ist es wahr?

OKELLY   Wahr, wahr! O rettet Euch!   2615

MORTIMER   Sie ist ermordet,

---

²⁶¹³ Vgl. S. 11

MORTIMER   Und auf den Thron von England steigt Maria!

OKELLY   Ermordet! Wer sagt das?

MORTIMER   Ihr selbst!

OKELLY   Sie lebt!
Und ich und Ihr, wir alle sind des Todes.

MORTIMER   Sie lebt!

OKELLY   Der Stoß ging fehl, der Mantel fing ihn auf,
Und Shrewsbury entwaffnete den Mörder.   2620

MORTIMER   Sie lebt!

OKELLY   Lebt, um uns alle zu verderben!
Kommt, man umzingelt schon den Park.

MORTIMER   Wer hat
Das Rasende getan?

OKELLY   Der Barnabit
Aus Toulon wars, den Ihr in der Kapelle
Tiefsinnig sitzen saht, als uns der Mönch   2625
Das Anathem ausdeutete, worin
Der Papst die Königin mit dem Fluch belegt.
Das Nächste, Kürzeste wollt er ergreifen,
Mit einem kecken Streich die Kirche Gottes
Befrein, die Martyrkrone sich erwerben,   2630
Dem Priester nur vertraut' er seine Tat,
Und auf dem Londner Weg ward sie vollbracht.

2623 **Das Rasende** die wahnsinnige Tat. – **Barnabit(e)** Angehöriger eines
Ordens, der den Protestantismus bekämpfte. Daß Sauvage Barnabite
war, erfindet Schiller, um die Verantwortung der Kirche für den
Mordanschlag zu unterstreichen. Vgl. 1490, 2330–2378
2626 **Anathem(a)** die päpstliche Bulle gegen Elisabeth, Vgl. S. 7

MORTIMER   [*nach einem langen Stillschweigen*]
O dich verfolgt ein grimmig wütend Schicksal,
Unglückliche! Jetzt – ja jetzt mußt du sterben,
Dein Engel selbst bereitet deinen Fall.   2635

OKELLY   Sagt! Wohin wendet Ihr die Flucht? Ich gehe,
Mich in des Nordens Wäldern zu verbergen.

MORTIMER   Flieht hin und Gott geleite Eure Flucht!
Ich bleibe. Noch versuch ichs, sie zu retten,
Wo nicht, auf ihrem Sarge mir zu betten.   2640
[*Gehen ab zu verschiedenen Seiten.*]

2640 **Wo nicht** wenn nicht. – **mir betten** mir ein Bett machen – mich
niederlegen, hier: sterben

VIERTER AUFZUG

VORZIMMER

ERSTER AUFTRITT

[*Graf Aubespine. Kent und Leicester.*]

AUBESPINE   Wie stehts um Ihro Majestät? Mylords,
Ihr seht mich noch ganz außer mir für Schrecken.
Wie ging das zu? Wie konnte das in Mitte
Des allertreusten Volks geschehen?

LEICESTER   Es geschah
Durch keinen aus dem Volke. Der es tat,   2645
War Eures Königs Untertan, ein Franke.

AUBESPINE   Ein Rasender gewißlich.

KENT   Ein Papist,
Graf Aubespine!

ZWEITER AUFTRITT

[*Vorige. Burleigh im Gespräch mit Davison.*]

BURLEIGH   Sogleich muß der Befehl

---

²⁶⁴⁶ **Franke** Franzose

Zur Hinrichtung verfaßt und mit dem Siegel
Versehen werden – Wenn er ausgefertigt,   2650
Wird er der Königin zur Unterschrift
Gebracht. Geht! Keine Zeit ist zu verlieren.

DAVISON   Es soll geschehn. [*Geht ab*]

AUBESPINE   [*Burleigh entgegen*]
      Mylord, mein treues Herz
Teilt die gerechte Freude dieser Insel.
Lob sei dem Himmel, der den Mörderstreich   2655
Gewehrt von diesem königlichen Haupt!

BURLEIGH   Er sei gelobt, der unsrer Feinde Bosheit
Zuschanden machte!

AUBESPINE   Mög ihn Gott verdammen,
Den Täter dieser fluchenswerten Tat!

BURLEIGH   Den Täter und den schändlichen Erfinder.   2660

AUBESPINE   [*zu Kent*]
Gefällt es Eurer Herrlichkeit, Lordmarschall,
Bei Ihro Majestät mich einzuführen,
Daß ich den Glückwunsch meines Herrn und Königs
Zu ihren Füßen schuldigst niederlege –

BURLEIGH   Bemüht Euch nicht, Graf Aubespine.   2665

AUBESPINE   [*offizios*]   Ich weiß,
Lord Burleigh, was mir obliegt.

---

²⁶⁵⁶ **Gewehrt** abgewehrt ²⁶⁶¹ **Eurer Herrlichkeit** Your Lordship
²⁶⁶² **Ihro Majestät** Her Majesty ²⁶⁶⁵ **offizios** [heute: offiziös] in
amtlichem, förmlichem Ton ²⁶⁶⁶ **was mir obliegt** was meine
Pflicht ist

BURLEIGH
                                Euch liegt ob,
Die Insel auf das schleunigste zu räumen.

AUBESPINE   *[tritt erstaunt zurück]*
Was! Wie ist das!

BURLEIGH
                      Der heilige Charakter
Beschützt Euch heute noch und morgen nicht mehr.

AUBESPINE   Und was ist mein Verbrechen?   2670

BURLEIGH
                         Wenn ich es
G e n a n n t, so ist es nicht mehr zu vergeben.

AUBESPINE   Ich hoffe, Lord, das Recht der Abgesandten –

BURLEIGH   Schützt – Reichsverräter nicht.

LEICESTER
UND KENT
                           Ha! Was ist das!

AUBESPINE
                                Mylord,
Bedenkt Ihr wohl –

BURLEIGH
                   Ein Paß, von Eurer Hand
Geschrieben, fand sich in der Mörders Tasche.   2675

KENT   Ists möglich?

AUBESPINE
                  Viele Pässe teil ich aus,
Ich kann der Menschen Innres nicht erforschen.

BURLEIGH   In Eurem Hause beichtete der Mörder.

AUBESPINE   Mein Haus ist offen.

[2668] Der Gesandte galt als unantastbar, *heilig*. Aubespines
Ausweisung ist historisch, Vgl. S. 8

BURLEIGH   Jedem Feinde Englands.

AUBESPINE   Ich fodre Untersuchung.   2680

BURLEIGH   Fürchtet sie!

AUBESPINE   In meinem Haupt ist mein Monarch verletzt,
Zerreißen wird er das geschloßne Bündnis.

BURLEIGH   Zerrissen schon hat es die Königin,
England wird sich mit Frankreich nicht vermählen.
Mylord von Kent! Ihr übernehmet es,   2685
Den Grafen sicher an das Meer zu bringen.
Das aufgebrachte Volk hat sein Hotel
Gestürmt, wo sich ein ganzes Arsenal
Von Waffen fand, es droht ihn zu zerreißen,
Wie er sich zeigt; verberget ihn, bis sich   2690
Die Wut gelegt – Ihr haftet für sein Leben!

AUBESPINE   Ich gehe, ich verlasse dieses Land,
Wo man der Völker Recht mit Füßen tritt,
Und mit Verträgen spielt – doch mein Monarch
Wird blutge Rechenschaft –   2695

BURLEIGH   Er hole sie!
[*Kent und Aubespine gehen ab*]

DRITTER AUFTRITT

[*Leicester und Burleigh.*]

LEICESTER   So löst Ihr selbst das Bündnis wieder auf,
Das Ihr geschäftig unberufen knüpftet.

2681 **Haupt** = Person   2690 **Wie** = sobald   2697 **unberufen** ohne
daß man es verlangte, ohne Not

Ihr habt um England wenig Dank verdient,
Mylord, die Mühe konntet Ihr Euch sparen.

BURLEIGH   Mein Zweck war gut. Gott leitete es anders.   2700
Wohl dem, der sich nichts Schlimmeres bewußt ist!

LEICESTER   Man kennt Cecils geheimnisreiche Miene,
Wenn er die Jagd auf Staatsverbrechen macht.
– Jetzt, Lord, ist eine gute Zeit für Euch.
Ein ungeheurer Frevel ist geschehn,   2705
Und noch umhüllt Geheimnis seine Täter.
Jetzt wird ein Inquisitionsgericht
Eröffnet. Wort und Blicke werden abgewogen,
Gedanken selber vor Gericht gestellt.
Da seid I h r der allwichtge Mann, der Atlas   2710
Des Staats, ganz England liegt auf Euren Schultern.

BURLEIGH   In Euch, Mylord, erkenn ich meinen Meister,
Denn solchen Sieg, als Eure Rednerkunst
Erfocht, hat meine nie davon getragen.

LEICESTER   Was meint Ihr damit, Lord?   2715

BURLEIGH   Ihr wart es doch, der hinter meinem Rücken
Die Königin nach Fotheringhayschloß
Zu locken wußte?

LEICESTER   Hinter Eurem Rücken!
Wann scheuten meine Taten Eure Stirn?

BURLEIGH   Die Königin hättet I h r nach Fotheringhay   2720
Geführt? Nicht doch! Ihr habt die K ö n i g i n
Nicht hingeführt! – Die Königin war es,
Die so gefällig war, E u c h hinzuführen.

---

²⁷¹⁰ **Atlas** in der griechischen Mythologie ein Titan, der gegen die
Götter rebellierte und zur Strafe den Himmel stützen mußte

LEICESTER   Was wollt Ihr damit sagen, Lord?

BURLEIGH   Die edle
Person, die Ihr die Königin dort spielen ließt!   2725
Der herrliche Triumph, den Ihr der arglos
Vertrauenden bereitet – Gütge Fürstin!
So schamlos frech verspottete man dich,
So schonungslos wardst du dahin gegeben!
– Das also ist die Großmut und die Milde,   2730
Die Euch im Staatsrat plötzlich angewandelt!
Darum ist diese Stuart ein so schwacher,
Verachtungswerter Feind, daß es der Müh
Nicht lohnt, mit ihrem Blut sich zu beflecken!
Ein feiner Plan! Fein zugespitzt! Nur schade,   2735
Zu fein geschärfet, daß die Spitze brach!

LEICESTER   Nichtswürdiger! Gleich folgt mir! An dem Throne
Der Königin sollt Ihr mir Rede stehn.

BURLEIGH   Dort trefft Ihr mich – Und sehet zu, Mylord,
Daß Euch dort die Beredsamkeit nicht fehle!   2740
[*Geht ab*]

VIERTER AUFTRITT

[*Leicester allein, darauf Mortimer.*]

LEICESTER   Ich bin entdeckt, ich bin durchschaut – Wie kam
Der Unglückselige auf meine Spuren!
Weh mir, wenn er Beweise hat! Erfährt
Die Königin, daß zwischen mir und der Maria
Verständnisse gewesen – Gott! Wie schuldig   2745

[2729] **dahin gegeben** preisgegeben, ausgeliefert. Vgl. 2821–2830, 2854

Steh ich vor ihr! Wie hinterlistig treulos
Erscheint mein Rat, mein unglückseliges
Bemühn, nach Fotheringhay sie zu führen!
Grausam verspottet sieht sie sich von mir,
An die verhaßte Feindin sich verraten!   2750
O nimmer, nimmer kann sie das verzeihn!
Vorherbedacht wird alles nun erscheinen,
Auch diese bittre Wendung des Gesprächs,
Der Gegnerin Triumph und Hohngelächter,
Ja selbst die Mörderhand, die blutig schrecklich,   2755
Ein unerwartet ungeheures Schicksal,
Dazwischen kam, werd ich bewaffnet haben!
Nicht Rettung seh ich, nirgends Ha! Wer kommt!

MORTIMER   [kommt in der heftigsten Unruhe und blickt
            scheu umher]
            Graf Leicester! Seid Ihrs? Sind wir ohne Zeugen?

LEICESTER   Unglücklicher, hinweg! Was sucht Ihr hier?   2760

MORTIMER   Man ist auf unsrer Spur, auf Eurer auch,
            Nehmt Euch in Acht.

LEICESTER   Hinweg, hinweg!

MORTIMER   Man weiß,
            Daß bei dem Grafen Aubespine geheime
            Versammlung war —

LEICESTER   Was kümmerts mich!   2765

MORTIMER   Daß sich der Mörder
            Dabei befunden —

LEICESTER   Das ist Eure Sache!
            Verwegener! Was unterfangt Ihr Euch,

2767 **Was unterfangt Ihr Euch** Was maßt Ihr Euch an?

In Euren blutgen Frevel m i c h zu flechten?
Verteidigt Eure bösen Händel selbst!

MORTIMER So hört mich doch nur an.   2770

LEICESTER [*in heftigem Zorn*]   Geht in die Hölle!
Was hängt Ihr Euch, gleich einem bösen Geist,
An meine Fersen! Fort! Ich kenn Euch nicht,
Ich habe nichts gemein mit Meuchelmördern.

MORTIMER Ihr wollt nicht hören. Euch zu warnen komm ich,
Auch Eure Schritte sind verraten –   2775

LEICESTER   Ha!

MORTIMER Der Großschatzmeister war zu Fotheringhay,
Sogleich nachdem die Unglückstat geschehn war,
Der Königin Zimmer wurden streng durchsucht,
Da fand sich –

LEICESTER   Was?

MORTIMER   Ein angefangner Brief
Der Königin an Euch –   2780

LEICESTER   Die Unglückselge!

MORTIMER Worin sie Euch auffodert, Wort zu halten,
Euch das Versprechen ihrer Hand erneuert,
Des Bildnisses gedenkt –

LEICESTER   Tod und Verdammnis!

MORTIMER Lord Burleigh hat den Brief.

2769 **Händel** Streitigkeiten; hier: Anschläge auf Elisabeth   2776 **Der**
Großschatzmeister Burleigh, vgl. 3889

LEICESTER   Ich bin verloren!
[Er geht während der folgenden Rede Mortimers
verzweiflungsvoll auf und nieder.]

MORTIMER   Ergreift den Augenblick! Kommt ihm zuvor!   2785
Errettet E u c h, errettet s i e – Schwört Euch
Heraus, ersinnt Entschuldigungen, wendet
Das Ärgste ab! Ich selbst kann nichts mehr tun.
Zerstreut sind die Gefährten, auseinander
Gesprengt ist unser ganzer Bund. Ich eile   2790
Nach Schottland, neue Freunde dort zu sammeln.
An Euch ists jetzt, versucht, was Euer Ansehn,
Was eine kecke Stirn vermag!

LEICESTER   *[steht still, plötzlich besonnen]*
                                       Das will ich.
           [Er geht nach der Türe, öffnet sie, und ruft]
He da! Trabanten!
[Zu dem Offizier, der mit Bewaffneten hereintritt]
                          Diesen Staatsverräter
Nehmt in Verwahrung und bewacht ihn wohl!   2795
Die schändlichste Verschwörung ist entdeckt,
Ich bringe selbst der Königin die Botschaft.
[Er geht ab]

MORTIMER   *[steht anfangs starr für Erstaunen, faßt sich aber*
           bald und sieht Leicestern mit einem Blick der
           tiefsten Verachtung nach.]
Ha, Schändlicher – Doch ich verdiene das!
Wer hieß mich auch dem Elenden vertrauen?
Weg über meinen Nacken schreitet er,   2800
Mein Fall muß ihm die Rettungsbrücke bauen.
– So rette dich! Verschlossen bleibt mein Mund,
Ich will dich nicht in mein Verderben flechten.

---

²⁷⁹² **Euer Ansehn** Eure Geltung; der Respekt, den man vor Euch
hat   ²⁷⁹³ **kecke Stirn** Kühnheit, Frechheit   ²⁷⁹⁴ **Trabanten**
Soldaten der Leibwache

Auch nicht im Tode mag ich deinen Bund,
Das Leben ist das einzge Gut des Schlechten. 2805
[*Zu dem Offizier der Wache, der hervortritt, um
ihn gefangen zu nehmen*]
Was willst du, feiler Sklav der Tyrannei?
Ich spotte deiner, ich bin frei!
[*Einen Dolch ziehend*]

OFFIZIER Er ist bewehrt – Entreißt ihm seinen Dolch!
[*Sie dringen auf ihn ein, er erwehrt sich ihrer*]

MORTIMER Und frei im letzten Augenblicke soll
Mein Herz sich öffnen, meine Zunge lösen! 2810
Fluch und Verderben euch, die ihren Gott
Und ihre wahre Königin verraten!
Die von der irdischen Maria sich
Treulos, wie von der himmlischen gewendet,
Sich dieser Bastardkönigin verkauft – 2815

OFFIZIER Hört ihr die Lästrung! Auf! Ergreifet ihn.

MORTIMER Geliebte! Nicht erretten konnt ich dich,
So will ich dir ein männlich Beispiel geben.
Maria, heilge, bitt für mich!
Und nimm mich zu dir in dein himmlisch Leben! 2820
[*Er durchsticht sich mit dem Dolch und fällt der
Wache in die Arme.*]

Zimmer der Königin

FÜNFTER AUFTRITT

[*Elisabeth, einen Brief in der Hand. Burleigh.*]

ELISABETH Mich hinzuführen! Solchen Spott mit mir
Zu treiben! Der Verräter! Im Triumph

144

Vor seiner Buhlerin mich aufzuführen!
O so ward noch kein Weib betrogen, Burleigh!

BURLEIGH Ich kann es noch nicht fassen, wie es ihm,   2825
Durch welche Macht, durch welche Zauberkünste
Gelang, die Klugheit meiner Königin
So sehr zu überraschen.

ELISABETH   O ich sterbe
Für Scham! Wie mußt er meiner Schwäche spotten!
Sie glaubt ich zu erniedrigen und war,   2830
Ich selber, ihres Spottes Ziel!

BURLEIGH Du siehst nun ein, wie treu ich dir geraten!

ELISABETH O ich bin schwer dafür gestraft, daß ich
Von Eurem weisen Rate mich entfernt!
Und sollt ich i h m nicht glauben? In den Schwüren 2835
Der treusten Liebe einen Fallstrick fürchten?
Wem darf ich traun, wenn e r mich hinterging?
E r, den ich groß gemacht vor allen Großen,
Der mir der Nächste stets am Herzen war,
Dem ich verstattete, an diesem Hof   2840
Sich wie der Herr, der König zu betragen!

BURLEIGH Und zu derselben Zeit verriet er dich
An diese falsche Königin von Schottland!

ELISABETH O sie bezahle mirs mit ihrem Blut!
– Sagt! Ist das Urteil abgefaßt?   2845

BURLEIGH   Es liegt
Bereit, wie du befohlen.

ELISABETH   Sterben soll sie!
Er soll sie fallen sehn, und nach ihr fallen.

2829 **Für** vor [so meist in Bf.]

Verstoßen hab ich ihn aus meinem Herzen,
Fort ist die Liebe, Rache füllt es ganz.
So hoch er stand, so tief und schmählich sei   2850
Sein Sturz! Er sei ein Denkmal meiner Strenge,
Wie er ein Beispiel meiner Schwäche war.
Man führ ihn nach dem Tower, ich werde Peers
Ernennen, die ihn richten, hingegeben
Sei er der ganzen Strenge des Gesetzes.   2855

BURLEIGH   Er wird sich zu dir drängen, sich rechtfertgen –

ELISABETH   Wie kann er sich rechtfertgen? Überführt
Ihn nicht der Brief? O sein Verbrechen ist
Klar wie der Tag!

BURLEIGH   Doch du bist mild und gnädig,
Sein Anblick, seine mächtge Gegenwart –   2860

ELISABETH   Ich will ihn nicht sehn. Niemals, niemals wieder!
Habt Ihr Befehl gegeben, daß man ihn
Zurück weist, wenn er kommt?

BURLEIGH   So ists befohlen!

PAGE   [*tritt ein*]
Mylord von Leicester!

KÖNIGIN   Der Abscheuliche!
Ich will ihn nicht sehn. Sagt ihm, daß ich ihn   2865
Nicht sehen will.

PAGE   Das wag ich nicht, dem Lord
Zu sagen, und er würde mirs nicht glauben.

KÖNIGIN   So hab ich ihn erhöht, daß meine Diener
Vor seinem Ansehn mehr als meinem zittern!

BURLEIGH [*zum Pagen*]
    Die Königin verbiet ihm, sich zu nahn!   2870
    [*Page geht zögernd ab*]

KÖNIGIN [*nach einer Pause*]
    Wenns dennoch möglich wäre – Wenn er sich
    Rechtfertgen könnte! – Sagt mir, könnt es nicht
    Ein Fallstrick sein, den mir Maria legte,
    Mich mit dem treusten Freunde zu entzwein!
    O, sie ist eine abgefeimte Bübin,   2875
    Wenn sie den Brief nur schrieb, mir giftgen Argwohn
    Ins Herz zu streun, ihn, den sie haßt, ins Unglück
    Zu stürzen –

BURLEIGH   Aber Königin, erwäge –

SECHSTER AUFTRITT

[*Vorige. Leicester.*]

LEICESTER [*reißt die Tür mit Gewalt auf, und tritt mit gebietrischem Wesen herein*]
    Den Unverschämten will ich sehn, der mir
    Das Zimmer meiner Königin verbietet.   2880

ELISABETH Ha, der Verwegene!

LEICESTER   Mich abzuweisen!
    Wenn sie für einen Burleigh sichtbar ist,
    So ist sies auch für mich!

2875 **abgefeimt** raffiniert und skrupellos

BURLEIGH   Ihr seid sehr kühn, Mylord,
Hier wider die Erlaubnis einzustürmen.

LEICESTER   Ihr seid sehr frech, Lord, hier das Wort zu nehmen.   2885
Erlaubnis! Was! Es ist an diesem Hofe
Niemand, durch dessen Mund Graf Leicester sich
Erlauben und verbieten lassen kann!
     [*Indem er sich der Elisabeth demütig nähert*]
Aus meiner Königin eignem Mund will ich –

ELISABETH   [*ohne ihn anzusehen*]
Aus meinem Angesicht, Nichtswürdiger!   2890

LEICESTER   Nicht meine gütige Elisabeth,
Den Lord vernehm ich, meinen Feind, in diesen
Unholden Worten – Ich berufe mich auf m e i n e
Elisabeth – Du liehest i h m dein Ohr,
Das gleiche fodr ich.   2895

ELISABETH   Redet, Schändlicher!
Vergrößert Euren Frevel! Leugnet ihn!

LEICESTER   Laßt diesen Überlästigen sich erst
Entfernen – Tretet ab, Mylord – Was ich
Mit meiner Königin zu verhandeln habe,
Braucht keinen Zeugen. Geht.   2900

ELISABETH   [*zu Burleigh*]   Bleibt. Ich befehl es!

LEICESTER   Was soll der Dritte zwischen dir und mir!
Mit meiner angebeteten Monarchin
Hab ichs zu tun – Die Rechte meines Platzes
Behaupt ich – Es sind heilge Rechte!
Und ich bestehe drauf, daß sich der Lord   2905
Entferne!

---

²⁸⁸⁴ **wider** gegen

ELISABETH   Euch geziemt die stolze Sprache!

LEICESTER   Wohl ziemt sie mir, denn ich bin der Beglückte,
                 Dem deine Gunst den hohen Vorzug gab,
                 Das hebt mich über ihn und über alle!
                 Dein Herz verlieh mir diesen stolzen Rang,   2910
                 Und was die Liebe gab, werd ich, bei Gott!
                 Mit meinem Leben zu behaupten wissen.
                 Er geh – und zweier Augenblicke nur
                 Bedarfs, mich mit dir zu verständigen.

ELISABETH   Ihr hofft umsonst, mich listig zu beschwatzen.   2915

LEICESTER   Beschwatzen konnte dich der Plauderer,
                 Ich aber will zu deinem Herzen reden!
                 Und was ich im Vertraun auf deine Gunst
                 Gewagt, will ich auch nur vor deinem Herzen
                 Rechtfertigen – Kein anderes Gericht   2920
                 Erkenn ich über mir als deine Neigung!

ELISABETH   Schamloser! Eben diese ists, die Euch zuerst
                 Verdammt – Zeigt ihm den Brief, Mylord!

BURLEIGH   Hier ist er!

LEICESTER   [durchläuft den Brief, ohne die Fassung zu ver-
                 ändern]
                 Das ist der Stuart Hand!

ELISABETH   Lest und verstummt!

LEICESTER   [nachdem er gelesen, ruhig]
                 Der Schein ist gegen mich, doch darf ich hoffen,   2925
                 Daß ich nicht nach dem Schein gerichtet werde!

ELISABETH   Könnt Ihr es leugnen, daß Ihr mit der Stuart
                 In heimlichem Verständnis wart, ihr Bildnis
                 Empfingt, ihr zur Befreiung Hoffnung machtet?

LEICESTER	Leicht wäre mirs, wenn ich mich schuldig fühlte, 2930
	Das Zeugnis einer Feindin zu verwerfen!
	Doch frei ist mein Gewissen, ich bekenne,
	Daß sie die Wahrheit schreibt!

ELISABETH   Nun denn,
Unglücklicher!

BURLEIGH   Sein eigner Mund verdammt ihn.

ELISABETH   Aus meinen Augen. In den Tower – Verräter!   2935

LEICESTER   Der bin ich nicht. Ich hab gefehlt, daß ich
Aus diesem Schritt dir ein Geheimnis machte,
Doch redlich war die Absicht, es geschah,
Die Feindin zu erforschen, zu verderben.

ELISABETH   Elende Ausflucht –   2940

BURLEIGH   Wie, Mylord? Ihr glaubt –

LEICESTER   Ich habe ein gewagtes Spiel gespielt,
Ich weiß, und nur Graf Leicester durfte sich
An diesem Hofe solcher Tat erkühnen.
Wie ich die Stuart hasse, weiß die Welt.
Der Rang, den ich bekleide, das Vertrauen,   2945
Wodurch die Königin mich ehrt, muß jeden Zweifel
In meine treue Meinung niederschlagen.
Wohl darf der Mann, den deine Gunst vor allen
Auszeichnet, einen eignen kühnen Weg
Einschlagen, seine Pflicht zu tun.   2950

BURLEIGH   Warum,
Wenns eine gute Sache war, verschwiegt Ihr?

LEICESTER   Mylord! Ihr pflegt zu schwatzen, eh Ihr handelt,

2943f. **durfte ... erkühnen** durfte ... wagen

Und seid die Glocke Eurer Taten. D a s
Ist E u r e Weise, Lord. Die Meine ist,
Erst handeln und dann reden!   2955

BURLEIGH   Ihr redet jetzo, weil Ihr müßt.

LEICESTER   [*ihn stolz und höhnisch mit den Augen messend*]
                                    Und Ihr
            Berühmt Euch, eine wundergroße Tat
            Ins Werk gerichtet, Eure Königin
            Gerettet, die Verräterei entlarvt
            Zu haben – Alles wißt Ihr, Eurem Scharfblick   2960
            Kann nichts entgehen, meint Ihr – Armer Prahler!
            Trotz Eurer Spürkunst war Maria Stuart
            Noch heute frei, wenn i c h es nicht verhindert.

BURLEIGH   Ihr hättet –

LEICESTER   Ich, Mylord. Die Königin
            Vertraute sich dem Mortimer, sie schloß   2965
            Ihr Innerstes ihm auf, sie ging so weit,
            Ihm einen blutgen Auftrag gegen die Maria
            Zu geben, da der Oheim sich mit Abscheu
            Von einem gleichen Antrag abgewendet –
            Sagt! Ist es nicht so?   2970
            [*Königin und Burleigh sehen einander betroffen
                            an*]

BURLEIGH   Wie gelangtet Ihr
            D a z u ? –

LEICESTER   Ists nicht so? – Nun, Mylord! Wo hattet
            Ihr Eure tausend Augen, nicht zu sehn,

---

²⁹⁵³ = Ihr kündigt Eure Taten an; Gegensatz zu 2995   ²⁹⁵⁸ **Ins
Werk gerichtet** durchgeführt

Daß dieser Mortimer Euch hinterging?
Daß er ein wütender Papist, ein Werkzeug
Der Guisen, ein Geschöpf der Stuart war,   2975
Ein keck entschloßner Schwärmer, der gekommen,
Die Stuart zu befrein, die Königin
Zu morden –

ELISABETH   [*mit dem äußersten Erstaunen*]
           Dieser Mortimer!

LEICESTER   Er wars, durch den
Maria Unterhandlung mit mir pflog,
Den ich auf diesem Wege kennen lernte.   2980
Noch heute sollte sie aus ihrem Kerker
Gerissen werden, diesen Augenblick
Entdeckte mirs sein eigner Mund, ich ließ ihn
Gefangen nehmen, und in der Verzweiflung,
Sein Werk vereitelt, sich entlarvt zu sehn,   2985
Gab er sich selbst den Tod!

ELISABETH   O ich bin unerhört
Betrogen – dieser Mortimer!

BURLEIGH   Und jetzt
Geschah das? Jetzt, nachdem ich Euch verlassen!

LEICESTER   Ich muß um meinetwillen sehr beklagen,
Daß es dies Ende mit ihm nahm. Sein Zeugnis,   2990
Wenn er noch lebte, würde mich vollkommen
Gereinigt, aller Schuld entledigt haben.
Drum übergab ich ihn des Richters Hand.
Die strengste Rechtsform sollte meine Unschuld
Vor aller Welt bewähren und besiegeln.   2995

BURLEIGH   Er tötete sich, sagt Ihr. Er sich selber? Oder
Ihr ihn?

2979 **pflog** durchführte

LEICESTER   Unwürdiger Verdacht! Man höre
Die Wache ab, der ich ihn übergab!
[*Er geht an die Tür und ruft hinaus. Der Offizier
der Leibwache tritt herein*]
Erstattet Ihrer Majestät Bericht,
Wie dieser Mortimer umkam!   3000

OFFIZIER   Ich hielt die Wache
Im Vorsaal, als Mylord die Türe schnell
Eröffnete und mir befahl, den Ritter
Als einen Staatsverräter zu verhaften.
Wir sahen ihn hierauf in Wut geraten,
Den Dolch ziehn, unter heftiger Verwünschung   3005
Der Königin, und eh wirs hindern konnten,
Ihn in die Brust sich stoßen, daß er tot
Zu Boden stürzte –

LEICESTER   Es ist gut. Ihr könnt
Abtreten, Sir! Die Königin weiß genug!
[*Offizier geht ab*]

ELISABETH   O welcher Abgrund von Abscheulichkeiten –   3010

LEICESTER   Wer wars nun, der dich rettete? War es
Mylord von Burleigh? Wußt er die Gefahr,
Die dich umgab? War e r s, der sie von dir
Gewandt – Dein treuer Leicester war dein Engel!

BURLEIGH   Graf! Dieser Mortimer starb Euch sehr gelegen.   3015

ELISABETH   Ich weiß nicht, was ich sagen soll. Ich glaub Euch,
Und glaub Euch nicht. Ich denke, Ihr seid schuldig,
Und seid es nicht! O die Verhaßte, die
Mir all dies Weh bereitet!

---

²⁹⁹⁷ᶠ· **abhören** = befragen   ³⁰⁰² **eröffnen** öffnen   ³⁰¹⁵ Mortimers
Tod war Euch willkommen

LEICESTER   Sie muß sterben.
Jetzt stimm ich selbst für ihren Tod. Ich riet   3020
Dir an, das Urteil unvollstreckt zu lassen,
Bis sich aufs neu ein Arm für sie erhübe.
Dies ist geschehn – und ich bestehe drauf,
Daß man das Urteil ungesäumt vollstrecke.

BURLEIGH   Ihr rietet dazu! Ihr!   3025

LEICESTER   So sehr es mich
Empört, zu einem Äußersten zu greifen,
Ich sehe nun und glaube, daß die Wohlfahrt
Der Königin dies blutge Opfer heischt,
Drum trag ich darauf an, daß der Befehl
Zur Hinrichtung gleich ausgefertigt werde!   3030

BURLEIGH   [*zur Königin*]
Da es Mylord so treu und ernstlich meint,
So trag i c h darauf an, daß die Vollstreckung
Des Richterspruchs ihm übertragen werde.

LEICESTER   Mir!

BURLEIGH   Euch. Nicht besser könnt Ihr den Verdacht,
Der jetzt noch auf Euch lastet, widerlegen,   3035
Als wenn Ihr s i e, die Ihr geliebt zu haben
Beschuldigt werdet, selbst enthaupten lasset.

ELISABETH   [*Leicestern mit den Augen fixierend*]
Mylord rät gut. So seis, und dabei bleib es.

LEICESTER   Mich sollte billig meines Ranges Höh
Von einem Auftrag dieses traurgen Inhalts   3040

3024 **ungesäumt** ohne zu warten   3028 **heischen** fordern
3029 **auf etwas antragen** offiziell verlangen; heute: beantragen
3039 **billig** gerechterweise

Befrein, der sich in jedem Sinne besser
Für einen Burleigh ziemen mag als mich.
Wer seiner Königin so nahe steht,
Der sollte nichts Unglückliches vollbringen.
Jedoch um meinen Eifer zu bewähren,   3045
Um meiner Königin genug zu tun,
Begeb ich mich des Vorrechts meiner Würde
Und übernehme die verhaßte Pflicht.

ELISABETH   Lord Burleigh teile sie mit Euch!
             [*Zu diesem*]
                              Tragt Sorge,
Daß der Befehl gleich ausgefertigt werde.   3050
[*Burleigh geht. Man hört draußen ein Getümmel*]

SIEBENTER AUFTRITT

[*Graf von Kent zu den Vorigen.*]

ELISABETH   Was gibts, Mylord von Kent? Was für ein Auflauf
             Erregt die Stadt – Was ist es?

KENT   Königin,
             Es ist das Volk, das den Palast umlagert,
             Es fodert heftig dringend dich zu sehn.

ELISABETH   Was will mein Volk?   3055

KENT   Der Schrecken geht durch London,

---

³⁰⁴⁵ **bewähren** beweisen   ³⁰⁴⁷ **sich begeben** [mit Genitiv]
verzichten auf. Vgl. *sich vergeben* 701   ³⁰⁵¹ **der Auflauf** schnelles
Zusammenlaufen einer Menge

Dein Leben sei bedroht, es gehen Mörder
Umher, vom Papste wider dich gesendet.
Verschworen seien die Katholischen,
Die Stuart aus dem Kerker mit Gewalt
Zu reißen und zur Königin auszurufen.   3060
Der Pöbel glaubts und wütet. Nur das Haupt
Der Stuart, das noch heute fällt, kann ihn
Beruhigen.

ELISABETH   Wie? Soll mir Zwang geschehn?

KENT   Sie sind entschlossen, eher nicht zu weichen,
Bis du das Urteil unterzeichnet hast.   3065

ACHTER AUFTRITT

[*Burleigh und Davison mit einer Schrift. Die Vorigen.*]

ELISABETH   Was bringt Ihr, Davison?

DAVISON   [*nähert sich, ernsthaft*]
                              Du hast befohlen,
             O Königin –

ELISABETH   Was ists?
             [*Indem sie die Schrift ergreifen will, schauert sie
                        zusammen und fährt zurück*]
                              O Gott!

BURLEIGH   Gehorche
             Der Stimme des Volks, sie ist die Stimme Gottes.

ELISABETH   [*unentschlossen mit sich selbst kämpfend*]

O meine Lords! Wer sagt mir, ob ich wirklich
Die Stimme meines ganzen Volks, die Stimme   3070
Der Welt vernehme! Ach wie sehr befürcht ich,
Wenn ich dem Wunsch der Menge nun gehorcht,
Daß eine ganz verschiedne Stimme sich
Wird hören lassen – ja daß eben die,
Die jetzt gewaltsam zu der Tat mich treiben,   3075
Mich, wenns vollbracht ist, strenge tadeln werden!

NEUNTER AUTRITT

[Graf Shrewsbury zu den Vorigen.]

SHREWSBURY   *[kommt in großer Bewegung]*
              Man will dich übereilen, Königin!
              O halte fest, sei standhaft –
              [Indem er Davison mit der Schrift gewahr wird]
                                            Oder ist es
              Geschehen? Ist es wirklich? Ich erblicke
              Ein unglückselig Blatt in dieser Hand,   3080
              Das komme meiner Königin jetzt nicht
              Vor Augen.

ELISABETH   Edler Shrewsbury! Man zwingt mich.

SHREWSBURY   Wer kann dich zwingen? Du bist Herrscherin,
              Hier gilt es deine Majestät zu zeigen!
              Gebiete Schweigen jenen rohen Stimmen,   3085
              Die sich erdreisten, deinem Königswillen

3069–3076 und das Folgende: vgl. 1323–1340   3077 **übereilen** zu
einer Übereilung verleiten   3084 **Hier gilt es** Jetzt ist es Zeit; jetzt
kommt es darauf an; jetzt mußt du

Zwang anzutun, dein Urteil zu regieren.
Die Furcht, ein blinder Wahn bewegt das Volk,
Du selbst bist außer dir, bist schwer gereizt,
Du bist ein Mensch und jetzt kannst du nicht richten. 3090

BURLEIGH Gerichtet ist schon längst. Hier ist kein Urteil
Zu f ä l l e n, zu v o l l z i e h e n ists.

KENT [der sich bei Shrewsburys Eintritt entfernt hat,
kommt zurück]
Der Auflauf wächst, das Volk ist länger nicht
Zu bändigen.

ELISABETH [zu Shrewsbury]
Ihr seht, wie sie mich drängen!

SHREWSBURY Nur Aufschub fordr ich. Dieser Federzug   3095
Entscheidet deines Lebens Glück und Frieden.
Du hast es Jahre lang bedacht, soll dich
Der Augenblick im Sturme mit sich führen?
Nur kurzen Aufschub. Sammle dein Gemüt,
Erwarte eine ruhigere Stunde.   3100

BURLEIGH [heftig]
Erwarte, zögre, säume, bis das Reich
In Flammen steht, bis es der Feindin endlich
Gelingt, den Mordstreich wirklich zu vollführen.
Dreimal hat ihn ein Gott von dir entfernt.
Heut hat er n a h e dich berührt, noch einmal   3105
Ein Wunder hoffen, hieße Gott versuchen.

SHREWSBURY Der Gott, der dich durch seine Wunderhand
Viermal erhielt, der heut dem schwachen Arm
Des Greisen Kraft gab, einen Wütenden

3103 den Mordstreich wirklich den fünften Mordstreich [Bf.]
3108f. dem schwachen Arm des Greisen d.h. Shrewsburys eigenem
Arm; vgl. 2620, 3139ff..

Zu überwältgen – er verdient Vertrauen! 3110
Ich will die Stimme der Gerechtigkeit
Jetzt nicht erheben, jetzt ist nicht die Zeit,
Du kannst in diesem Sturme sie nicht hören.
Dies eine nur vernimm! Du zitterst jetzt
Vor dieser lebenden Maria. Nicht 3115
Die Lebende hast du zu fürchten. Zittre vor
Der Toten, der Enthaupteten. Sie wird
Vom Grab erstehen, eine Zwietrachtsgöttin,
Ein Rachegeist in deinem Reich herumgehn,
Und deines Volkes Herzen von dir wenden. 3120
Jetzt haßt der Brite die Gefürchtete,
Er wird sie rächen, wenn sie nicht mehr ist.
Nicht mehr die Feindin seines Glaubens, nur
Die Enkeltochter seiner Könige,
Des Hasses Opfer und der Eifersucht 3125
Wird er in der Bejammerten erblicken!
Schnell wirst du die Veränderung erfahren.
Durchziehe London, wenn die blutge Tat
Geschehen, zeige dich dem Volk, das sonst
Sich jubelnd um dich her ergoß, du wirst 3130
Ein andres England sehn, ein andres Volk,
Denn dich umgibt nicht mehr die herrliche
Gerechtigkeit, die alle Herzen dir
Besiegte! Furcht, die schreckliche Begleitung
Der Tyrannei, wird schaudernd vor dir herziehn, 3135
Und jede Straße, wo du gehst, veröden.
Du hast das Letzte, Äußerste getan,
Welch Haupt steht fest, wenn dieses heilge fiel!

ELISABETH Ach Shrewsbury! Ihr habt mir heut das Leben
Gerettet, habt des Mörders Dolch von mir 3140
Gewendet – Warum ließet Ihr ihm nicht
Den Lauf? So wäre jeder Streit geendigt,
Und alles Zweifels ledig, rein von Schuld,
Läg ich in meiner stillen Gruft! Fürwahr!

[3144] **die Gruft** = das Grab

159

Ich bin des Lebens und des Herrschens müd.   3145
Muß eine von uns Königinnen fallen,
Damit die andre lebe – und es ist
Nicht anders, das erkenn ich – kann denn ich
Nicht die sein, welche weicht? Mein Volk mag wählen,
Ich geb ihm seine Majestät zurück.   3150
Gott ist mein Zeuge, daß ich nicht für mich,
Nur für das Beste meines Volks gelebt.
Hofft es von dieser schmeichlerischen Stuart,
Der jüngern Königin, glücklichere Tage,
So steig ich gern von diesem Thron und kehre   3155
In Woodstocks stille Einsamkeit zurück,
Wo meine anspruchlose Jugend lebte,
Wo ich, vom Tand der Erdengröße fern,
Die Hoheit in mir selber fand – Bin ich
Zur Herrscherin doch nicht gemacht! Der Herrscher 3160
Muß hart sein können, und mein Herz ist weich.
Ich habe diese Insel lange glücklich
Regiert, weil ich nur brauchte zu beglücken.
Es kommt die erste schwere Königspflicht,
Und ich empfinde meine Ohnmacht –   3165

BURLEIGH   Nun bei Gott!
Wenn ich so ganz unkönigliche Worte
Aus meiner Königin Mund vernehmen muß,
So wärs Verrat an meiner Pflicht, Verrat
Am Vaterlande, länger still zu schweigen.
– Du sagst, du liebst dein Volk, mehr als dich selbst, 3170
Das zeige jetzt! Erwähle nicht den Frieden
Für dich und überlaß das Reich den Stürmen.
– Denk an die Kirche! Soll mit dieser Stuart
Der alte Aberglaube wiederkehren?
Der Mönch aufs neu hier herrschen, der Legat   3175

3165–3184 Schiller strich diese Rede Burleighs zunächst in Bf. In
Weimar setzte er sie jedoch wieder ein. Da sie großen „Effekt"
machte, schickte er sie dann auch an die Berliner Bühne, wo das
Stück bereits einstudiert wurde   3175f. Vgl. S. 7

Aus Rom gezogen kommen, unsre Kirchen
Verschließen, unsre Könige entthronen?
– Die Seelen aller deiner Untertanen,
Ich fodre sie von d i r – Wie du jetzt handelst,
Sind sie gerettet oder sind verloren.   3180
Hier ist nicht Zeit zu weichlichem Erbarmen,
Des Volkes Wohlfahrt ist die höchste Pflicht;
Hat Shrewsbury das Leben dir gerettet,
So will i c h England retten – das ist mehr!

ELISABETH   Man überlasse mich mir selbst! Bei Menschen ist   3185
Nicht Rat noch Trost in dieser großen Sache.
Ich trage sie dem höhern Richter vor.
Was der mich lehrt, das will ich tun – Entfernt euch,
Mylords!
                        [*Zu Davison*]
Ihr, Sir! Könnt in der Nähe bleiben!
[*Die Lords gehen ab. Shrewsbury allein bleibt noch einige Augen-
blicke vor der Königin stehen, mit bedeutungsvollem Blick, dann
entfernt er sich langsam, mit einem Ausdruck des tiefsten Schmerzes*]

ZEHNTER AUFTRITT

ELISABETH   [*allein*]
O Sklaverei des Volksdiensts! Schmähliche   3190
Knechtschaft – Wie bin ichs müde, diesem Götzen
Zu schmeicheln, den mein Innerstes verachtet!
Wann soll ich frei auf diesem Throne stehn!
Die Meinung muß ich ehren, um das Lob
Der Menge buhlen, einem Pöbel muß ichs   3195
Recht machen, dem der Gaukler nur gefällt.
O d e r ist noch nicht König, der der Welt
Gefallen muß! Nur der ists, der bei seinem Tun
Nach keines Menschen Beifall braucht zu fragen.
Warum hab ich Gerechtigkeit geübt,   3200

Willkür gehaßt mein Leben lang, daß ich
Für diese erste unvermeidliche
Gewalttat selbst die Hände mir gefesselt!
Das Muster, das ich selber gab, verdammt mich!
War ich tyrannisch, wie die spanische   3205
Maria war, mein Vorfahr auf dem Thron, ich könnte
Jetzt ohne Tadel Königsblut versprützen!
Doch wars denn meine eigne freie Wahl
Gerecht zu sein? Die allgewaltige
Notwendigkeit, die auch das freie Wollen   3210
Der Könige zwingt, gebot mir diese Tugend.
    Umgeben rings von Feinden hält mich nur
Die Volksgunst auf dem angefochtnen Thron.
Mich zu vernichten streben alle Mächte
Des festen Landes. Unversöhnlich schleudert   3215
Der römsche Papst den Bannfluch auf mein Haupt,
Mit falschem Bruderkuß verrät mich Frankreich,
Und offnen, wütenden Vertilgungskrieg
Bereitet mir der Spanier auf den Meeren.
So steh ich kämpfend gegen eine Welt,   3220
Ein wehrlos Weib! Mit hohen Tugenden
Muß ich die Blöße meines Rechts bedecken,
Den Flecken meiner fürstlichen Geburt,
Wodurch der eigne Vater mich geschändet.
Umsonst bedeck ich ihn – Der Gegner Haß   3225
Hat ihn entblößt, und stellt mir diese Stuart,
Ein ewig drohendes Gespenst, entgegen.
    Nein, diese Furcht soll endigen!
Ihr Haupt soll fallen. Ich will Frieden haben!
– Sie ist die Furie meines Lebens! Mir   3230
Ein Plagegeist vom Schicksal angeheftet.
Wo ich mir eine Freude, eine Hoffnung

[3215] **Des festen Landes** vgl. 413   [3222] **Blöße** unbedeckte,
unbekleidete, unverhüllte Stelle   **Recht** hier: Geburtsrecht auf den
Thron, Erbanspruch; vgl. S. 6   [3224–3225] **mich . . . ihn** Mellish
übersetzt: disgrac'd me. In vain with princely virtues I would hide it

Gepflanzt, da liegt die Höllenschlange mir
Im Wege. Sie entreißt mir den Geliebten,
Den Bräutgam raubt sie mir! Maria Stuart 3235
Heißt jedes Unglück, das mich niederschlägt!
Ist sie aus den Lebendigen vertilgt,
Frei bin ich, wie die Luft auf den Gebirgen.
[*Stillschweigen*]
Mit welchem Hohn sie auf mich nieder sah,
Als sollte mich der Blick zu Boden blitzen! 3240
Ohnmächtige! Ich führe beßre Waffen,
Sie treffen tödlich und du bist nicht mehr!
[*Mit raschem Schritt nach dem Tische gehend
und die Feder ergreifend*]
Ein Bastard bin ich dir? – Unglückliche!
Ich bin es nur, so lang du lebst und atmest.
Der Zweifel meiner fürstlichen Geburt 3245
Er ist getilgt, sobald ich dich vertilge.
Sobald dem Briten keine Wahl mehr bleibt,
Bin ich im echten Ehebett geboren!
[*Sie unterschreibt mit einem raschen, festen Federzug, läßt dann die
Feder fallen, und tritt mit einem Ausdruck des Schreckens zurück.
Nach einer Pause klingelt sie.*]

ELFTER AUFTRITT

[*Elisabeth. Davison*]

ELISABETH Wo sind die andern Lords?

DAVISON   Sie sind gegangen,
Das aufgebrachte Volk zur Ruh zu bringen. 3250
Das Toben war auch augenblicks gestillt,

3251 **augenblicks** augenblicklich

Sobald der Graf von Shrewsbury sich zeigte.
„Der ists, das ist er!" riefen hundert Stimmen,
„Der rettete die Königin! Hört ihn!
Den bravsten Mann in England." Nun begann 3255
Der edle Talbot und verwies dem Volk
In sanften Worten sein gewaltsames
Beginnen, sprach so kraftvoll überzeugend,
Daß alles sich besänftigte, und still
Vom Platze schlich. 3260

ELISABETH   Die wankelmütge Menge,
Die jeder Wind herumtreibt! Wehe dem,
Der auf dies Rohr sich lehnet! – Es ist gut,
Sir Davison. Ihr könnt nun wieder gehn.
[*Wie sich jener nach der Türe gewendet*]
Und dieses Blatt – Nehmt es zurück – Ich legs
In Eure Hände. 3265

DAVISON   [*wirft einen Blick in das Papier und erschrickt*]
                Königin! Dein Name!
Du hast entschieden?

ELISABETH   – Unterschreiben sollt ich.
Ich habs getan. Ein Blatt Papier entscheidet
Noch nicht, ein Name tötet nicht.

DAVISON   Dein Name, Königin, unter dieser Schrift
Entscheidet alles, tötet, ist ein Strahl 3270
Des Donners, der geflügelt trifft – Dies Blatt
Befiehlt den Kommissarien, dem Sheriff,
Nach Fotheringhayschloß sich stehnden Fußes

3256 **verweisen** vorwerfen   3258 **Beginnen** Tun, Verhalten
3266ff. Elisabeths Spiel mit Davison entspricht etwa den Tatsachen.
Man berief den unerfahrenen Mann nur auf seinen Posten, um
dieses Manöver mit ihm durchführen zu können   3271 **geflügelt**
Metapher für die Geschwindigkeit   3273 **steh(e)nden Fußes** sofort

Zur Königin von Schottland zu verfügen,
Den Tod ihr anzukündigen, und schnell,   3275
Sobald der Morgen tagt, ihn zu vollziehn.
Hier ist kein Aufschub, jene hat gelebt,
Wenn ich dies Blatt aus meinen Händen gebe.

ELISABETH   Ja, Sir! Gott legt ein wichtig groß Geschick
In Eure schwachen Hände. Fleht ihn an,   3280
Daß er mit seiner Weisheit Euch erleuchte.
Ich geh und überlaß Euch Eurer Pflicht.
[*Sie will gehen*]

DAVISON   [*tritt ihr in den Weg*]
Nein, meine Königin! Verlaß mich nicht,
Eh du mir deinen Willen kund getan.
Bedarf es hier noch einer andern Weisheit,   3285
Als dein Gebot buchstäblich zu befolgen?
– Du legst dies Blatt in meine Hand, daß ich
Zu schleuniger Vollziehung es befördre?

ELISABETH   Das werdet Ihr nach E u r e r Klugheit –

DAVISON   [*schnell und erschrocken einfallend*]   Nicht
Nach meiner! Das verhüte Gott! Gehorsam   3290
Ist meine ganze Klugheit. Deinem Diener
Darf hier nichts zu entscheiden übrig bleiben.
Ein klein Versehn wär hier ein Königsmord,
Ein unabsehbar, ungeheures Unglück.
Vergönne mir, in dieser großen Sache   3295
Dein blindes Werkzeug willenlos zu sein.
In klare Worte fasse deine Meinung,
Was soll mit diesem Blutbefehl geschehn?

ELISABETH   – Sein Name spricht es aus.

DAVISON   So willst du, daß er gleich vollzogen werde?   3300

ELISABETH   [*zögernd*]
Das s a g ich nicht, und zittre, es zu denken.

DAVISON   Du willst, daß ich ihn länger noch bewahre?

ELISABETH   [*schnell*]
Auf Eure Gefahr! Ihr haftet für die Folgen.

DAVISON   Ich? Heilger Gott! – Sprich, Königin! W a s willst du?

ELISABETH   [*ungeduldig*]
Ich will, daß dieser unglückselgen Sache   3305
Nicht mehr gedacht soll werden, daß ich endlich
Will Ruhe davor haben und auf ewig.

DAVISON   Es kostet dir ein einzig Wort. O sage,
Bestimme, was mit dieser Schrift soll werden!

ELISABETH   Ich h a b s gesagt, und quält mich nun nicht weiter. 3310

DAVISON   Du hättest es gesagt? Du hast mir nichts
Gesagt – O, es gefalle meiner Königin,
Sich zu erinnern.

ELISABETH   [*stampft auf den Boden*]
                Unerträglich!

DAVISON   Habe Nachsicht
Mit mir! Ich kam seit wenig Monden erst
In dieses Amt! Ich kenne nicht die Sprache   3315
Der Höfe und der Könige – in schlicht
Einfacher Sitte bin ich aufgewachsen.
Drum habe du Geduld mit deinem Knecht!
Laß dich das Wort nicht reun, das mich belehrt,
Mich klar macht über meine Pflicht –   3320

---

³³⁰⁵ᶠ· = Ich will, daß von dieser unglückseligen Sache nicht mehr
gesprochen wird   ³³¹⁴ **Monde** Monate   ³³¹⁷ **Sitte** ways

[*Er nähert sich ihr in flehender Stellung, sie kehrt*
ihm den Rücken zu, er steht in Verzweiflung,
dann spricht er mit entschloßnem Ton]
Nimm dies Papier zurück! Nimm es zurück!
Es wird mir glühend Feuer in den Händen.
Nicht mich erwähle, dir in diesem furchtbaren
Geschäft zu dienen.

ELISABETH   Tut, was Eures Amts ist. [*Sie geht ab*]

ZWÖLFTER AUFTRITT

[*Davison, gleich darauf Burleigh.*]

DAVISON   Sie geht! Sie läßt mich ratlos, zweifelnd stehn   3325
Mit diesem fürchterlichen Blatt – Was tu ich?
Soll ichs bewahren? Soll ichs übergeben?
     [*Zu Burleigh, der hereintritt*]
O gut! gut, daß Ihr kommt, Mylord! Ihr seids,
Der mich in dieses Staatsamt eingeführt!
Befreiet mich davon. Ich übernahm es,   3330
Unkundig seiner Rechenschaft! Laßt mich
Zurückgehn in die Dunkelheit, wo Ihr
Mich fandet, ich gehöre nicht auf diesen Platz –

BURLEIGH   Was ist Euch, Sir? Faßt Euch. Wo ist das Urteil?
Die Königin ließ Euch rufen.   3335

DAVISON   Sie verließ mich

[3324] **Eures Amtes** Eure amtliche Pflicht   [3331] **Unkundig seiner**
Rechenschaft = Ich weiß nicht, welche Verantwortung das Amt mir
auferlegt [was ich tun soll]

In heftgem Zorn. O ratet mir! Helft mir!
Reißt mich aus dieser Höllenangst des Zweifels.
Hier ist das Urteil – Es ist unterschrieben.

BURLEIGH [*hastig*]
Ist es? O gebt! Gebt her!

DAVISON   Ich darf nicht.

BURLEIGH   Was?

DAVISON Sie hat mir ihren Willen noch nicht deutlich –   3340

BURLEIGH Nicht deutlich! Sie hat unterschrieben. Gebt!

DAVISON Ich solls vollziehen lassen – soll es n i c h t
Vollziehen lassen – Gott! Weiß ich, was ich soll.

BURLEIGH [*heftiger dringend*]
Gleich, augenblicks sollt Ihrs vollziehen lassen.
Gebt her! Ihr seid verloren, wenn Ihr säumt.   3345

DAVISON Ich bin verloren, wenn ichs übereile.

BURLEIGH Ihr seid ein Tor, Ihr seid von Sinnen! Gebt!
[*Er entreißt ihm die Schrift, und eilt damit ab*]

DAVISON [*ihm nacheilend*]
Was macht Ihr? Bleibt! Ihr stürzt mich ins Verderben.

FÜNFTER AUFZUG

Die Szene ist das Zimmer des ersten Aufzugs

ERSTER AUFTRITT

[*Hanna Kennedy in tiefe Trauer gekleidet, mit ver-
weinten Augen und einem großen, aber stillen Schmerz,
ist beschäftigt, Pakete und Briefe zu versiegeln. Oft unterbricht sie der Jammer in ihrem Geschäft, und man sieht
sie dazwischen still beten. Paulet und Drury, gleichfalls
in schwarzen Kleidern, treten ein, ihnen folgen viele
Bediente, welche goldne und silberne Gefäße, Spiegel,
Gemälde und andere Kostbarkeiten tragen, und den
Hintergrund des Zimmers damit anfüllen. Paulet überliefert der Amme ein Schmuckkästchen nebst einem
Papier, und bedeutet ihr durch Zeichen, daß es ein Ver-
zeichnis der gebrachten Dinge enthalte. Beim Anblick
dieser Reichtümer erneuert sich der Schmerz der Amme,
sie versinkt in ein tiefes Trauern, indem jene sich still
wieder entfernen. Melvil tritt ein.*]

KENNEDY   [*schreit auf, sobald sie ihn gewahr wird*]
            Melvil! Ihr seid es! Euch erblick ich wieder!

MELVIL   Ja, treue Kennedy, wir sehn uns wieder!   3350

KENNEDY   Nach langer, langer, schmerzenvoller Trennung!

MELVIL   Ein unglückselig schmerzvoll Wiedersehn!

KENNEDY   O Gott! Ihr kommt –

MELVIL   Den letzten, ewigen
Abschied von meiner Königin zu nehmen.

KENNEDY   Jetzt endlich, jetzt am Morgen ihres Todes,   3355
Wird ihr die langentbehrte Gegenwart
Der Ihrigen vergönnt – O teurer Sir,
Ich will nicht fragen, wie es Euch erging,
Euch nicht die Leiden nennen, die wir litten,
Seitdem man Euch von unsrer Seite riß,   3360
Ach, dazu wird wohl einst die Stunde kommen!
O Melvil! Melvil! Mußten wirs erleben,
Den Anbruch dieses Tags zu sehn!

MELVIL   Laßt uns
Einander nicht erweichen! Weinen will ich,
So lang noch Leben in mir ist, nie soll   3365
Ein Lächeln diese Wangen mehr erheitern,
Nie will ich dieses nächtliche Gewand
Mehr von mir legen! Ewig will ich trauern,
Doch heute will ich standhaft sein – Versprecht
Auch Ihr mir, Euren Schmerz zu mäßigen –   3370
Und wenn die andern alle der Verzweiflung
Sich trostlos überlassen, lasset u n s
Mit männlich edler Fassung ihr vorangehn
Und ihr ein Stab sein auf dem Todesweg!

KENNEDY   Melvil! Ihr seid im Irrtum, wenn Ihr glaubt,   3375
Die Königin bedürfe unsers Beistands,
Um standhaft in den Tod zu gehn! Sie selber ists,
Die uns das Beispiel edler Fassung gibt.
Seid ohne Furcht! Maria Stuart wird
Als eine Königin und Heldin sterben.   3380

[3356] **die langentbehrte Gegenwart** der langentbehrte Anblick Bf.
[3361] **wohl** schon Bf.   [3365] **So lang noch Leben in mir ist** Mein ganzes übriges Leben lang Bf.   [3367] **nächtlich** dunkel wie die Nacht, schwarz

MELVIL   Nahm sie die Todespost mit Fassung auf?
          Man sagt, daß sie nicht vorbereitet war.

KENNEDY   Das war sie nicht. Ganz andre Schrecken warens,
          Die meine Lady ängstigten. Nicht vor dem Tod,
          Vor dem Befreier zitterte Maria.   3385
          – Freiheit war uns verheißen. Diese Nacht
          Versprach uns Mortimer von hier wegzuführen,
          Und zwischen Furcht und Hoffnung, zweifelhaft,
          Ob sie dem kecken Jüngling ihre Ehre
          Und fürstliche Person vertrauen dürfe,   3390
          Erwartete die Königin den Morgen.
          – Da wird ein Auflauf in dem Schloß, ein Pochen
          Schreckt unser Ohr, und vieler Hämmer Schlag,
          Wir glauben, die Befreier zu vernehmen,
          Die Hoffnung winkt, der süße Trieb des Lebens   3395
          Wacht unwillkürlich, allgewaltig auf –
          Da öffinet sich die Tür – Sir Paulet ists,
          Der uns verkündigt – daß – die Zimmerer
          Zu unsern Füßen das Gerüst aufschlagen!
          [Sie wendet sich ab, von heftigem Schmerz
          ergriffen]

MELVIL   Gerechter Gott! O sagt mir! Wie ertrug   3400
          Maria diesen fürchterlichen Wechsel?

KENNEDY   [nach einer Pause, worin sie sich wieder etwas
          gefaßt hat]
          Man löst sich nicht allmählich von dem Leben!
          Mit e i n e m Mal, schnell augenblicklich muß
          Der Tausch geschehen zwischen Zeitlichem
          Und Ewigem, und Gott gewährte meiner Lady   3405
          In diesem Augenblick, der Erde Hoffnung
          Zurück zu stoßen mit entschloßner Seele,
          Und glaubenvoll den Himmel zu ergreifen.

3381 **Todespost** Todesnachricht; vgl. *Freudenpost* 1137

Kein Merkmal bleicher Furcht, kein Wort der Klage
Entehrte meine Königin – Dann erst,   3410
Als sie Lord Leicesters schändlichen Verrat
Vernahm, das unglückselige Geschick
Des werten Jünglings, der sich ihr geopfert,
Des alten Ritters tiefen Jammer sah,
Dem seine letzte Hoffnung starb durch sie,   3415
Da flossen ihre Tränen, nicht das eigne Schicksal,
Der fremde Jammer preßte sie ihr ab.

MELVIL   Wo ist sie jetzt? Könnt Ihr mich zu ihr bringen?

KENNEDY   Den Rest der Nacht durchwachte sie mit Beten,
Nahm von den teuern Freunden schriftlich Abschied, 3420
Und schrieb ihr Testament mit eigner Hand.
Jetzt pflegt sie einen Augenblick der Ruh,
Der letzte Schlaf erquickt sie.

MELVIL   Wer ist bei ihr?

KENNEDY   Ihr Leibarzt Burgoyn, und ihre Frauen.

ZWEITER AUFTRITT

[Margareta Kurl zu den Vorigen.]

KENNEDY   Was bringt Ihr, Mistreß? Ist die Lady wach?   3425

3422 Jetzt ruht sie sich etwas aus   3425 In *Margareta Kurl*
vereinigt Schiller zwei historische Personen: die Frau und die
Schwester des Schreibers Kurl

KURL　*[ihre Tränen trocknend]*
　　　Schon angekleidet – Sie verlangt nach Euch.

KENNEDY　Ich komme.
　　　[Zu Melvil, der sie begleiten will]
　　　　Folgt mir nicht, bis ich die Lady
　　　Auf Euren Anblick vorbereitet. *[Geht hinein]*

KURL　　　　　　　　　　　　　Melvil!
　　　Der alte Haushofmeister!

MELVIL　　　　　　　　　　Ja, der bin ich!

KURL　O dieses Haus braucht keines Meisters mehr!　　3430
　　　– Melvil! Ihr kommt von London, wißt Ihr mir
　　　Von meinem Manne nichts zu sagen?

MELVIL　Er wird auf freien Fuß gesetzt, sagt man,
　　　Sobald –

KURL　　　　　　Sobald die Königin nicht mehr ist!
　　　O der nichtswürdig schändliche Verräter!　　3435
　　　Er ist der Mörder dieser teuren Lady,
　　　Sein Zeugnis, sagt man, habe sie verurteilt.

MELVIL　So ists.

KURL　　　　　O seine Seele sei verflucht
　　　Bis in die Hölle! Er hat falsch gezeugt –

MELVIL　Mylady Kurl! Bedenket Eure Reden.　　3440

KURL　Beschwören will ichs vor Gerichtes Schranken,

[3429] **Haushofmeister** steward, majordomo　　[3433] **auf freien Fuß
gesetzt** in Freiheit gesetzt, freigelassen

Ich will es ihm ins Antlitz wiederholen,
Die ganze Welt will ich damit erfüllen.
Sie stirbt unschuldig –

MELVIL   O das gebe Gott!

DRITTER AUFTRITT

[Burgoyn zu den Vorigen. Hernach Hanna Kennedy.]

BURGOYN   *[erblickt Melvil]*
          O Melvil!   3445

MELVIL   *[ihn umarmend]*
         Burgoyn!

BURGOYN   *[zu Margareta Kurl]*
                          Besorget einen Becher
          Mit Wein für unsre Lady. Machet hurtig.
          [Kurl geht ab]

MELVIL   Wie? Ist der Königin nicht wohl?

BURGOYN   Sie fühlt sich stark, sie täuscht ihr Heldenmut.
          Und keiner Speise glaubt sie zu bedürfen,
          Doch ihrer wartet noch ein schwerer Kampf,   3450
          Und ihre Feinde sollen sich nicht rühmen,
          Daß Furcht des Todes ihre Wangen bleichte,
          Wenn die Natur aus Schwachheit unterliegt.

MELVIL   *[zur Amme, die hereintritt]*
         Will sie mich sehn?

3445–4361 *BURGOYN . . . Rosamund!* fehlt Bf.   3446 **hurtig** schnell

KENNEDY   Gleich wird sie selbst hier sein.
              – Ihr scheint Euch mit Verwunderung umzusehn,   3455
              Und Eure Blicke fragen mich: was soll
              Das Prachtgerät in diesem Ort des Todes?
              – O Sir! Wir litten Mangel, da wir lebten,
              Erst mit dem Tode kommt der Überfluß zurück.

VIERTER AUFTRITT

*[Vorige. Zwei andre Kammerfrauen der Maria,
gleichfalls in Trauerkleidern. Sie brechen bei Melvils
Anblick in laute Tränen aus.]*

MELVIL   Was für ein Anblick! Welch ein Wiedersehn!   3460
           Gertrude! Rosamund!

ZWEITE
KAMMERFRAU   Sie hat uns von sich
           Geschickt! Sie will zum letztenmal allein
           Mit Gott sich unterhalten!
*[Es kommen noch zwei weibliche Bediente, wie die vorigen
in Trauer, die mit stummen Gebärden ihren Jammer
ausdrücken.]*

FÜNFTER AUFTRITT

*[Margareta Kurl zu den Vorigen. Sie trägt einen
goldnen Becher mit Wein, und setzt ihn auf den Tisch,
indem sie sich bleich und zitternd an einen Stuhl hält.]*

MELVIL   Was ist Euch, Mistreß? Was entsetzt Euch so?

KURL   O Gott!   3465

BURGOYN   Was habt Ihr?

KURL   Was mußt ich erblicken!

MELVIL   Kommt zu Euch! Sagt uns, was es ist.

KURL   Als ich
Mit diesem Becher Wein die große Treppe
Herauf stieg, die zur untern Halle führt,
Da tat die Tür sich auf – ich sah hinein –
Ich sah – o Gott!   3470

MELVIL   Was saht Ihr? Fasset Euch!

KURL   Schwarz überzogen waren alle Wände,
Ein groß Gerüst, mit schwarzem Tuch beschlagen,
Erhob sich von dem Boden, mitten drauf
Ein schwarzer Block, ein Kissen, und daneben
Ein blankgeschliffnes Beil – Voll Menschen war   3475
Der Saal, die um das Mordgerüst sich drängten,
Und heiße Blutgier in dem Blick, das Opfer
Erwarteten.

DIE
KAMMERFRAUEN   O Gott sei unsrer Lady gnädig!

MELVIL   Faßt Euch! Sie kommt!

3466 Was habt Ihr? Was ist Euch? Was hat Euch erschreckt?

[*Die Vorigen. Maria. Sie ist weiß und festlich gekleidet, am Halse trägt sie an einer Kette von kleinen
Kugeln ein Agnus Dei, ein Rosenkranz hängt am Gürtel
herab, sie hat ein Kruzifix in der Hand, und ein Diadem
in den Haaren, ihr großer schwarzer Schleier ist zurück
geschlagen. Bei ihrem Eintritt weichen die Anwesenden
zu beiden Seiten zurück, und drücken den heftigsten
Schmerz aus. Melvil ist mit einer unwillkürlichen Bewegung auf die Knie gesunken.*]

MARIA [*mit ruhiger Hoheit im ganzen Kreise herum-
sehend*]
Was klagt ihr? Warum weint ihr? Freuen solltet   3480
Ihr euch mit mir, daß meiner Leiden Ziel
Nun endlich naht, daß meine Bande fallen,
Mein Kerker aufgeht, und die frohe Seele sich
Auf Engelsflügeln schwingt zur ewgen Freiheit.
Da, als ich in die Macht der stolzen Feindin   3485
Gegeben war, Unwürdiges erduldend,
Was einer freien großen Königin
Nicht ziemt, da war es Zeit, um mich zu weinen!
– Wohltätig, heilend, nahet mir der Tod,
Der ernste Freund! Mit seinen schwarzen Flügeln   3490
Bedeckt er meine Schmach – den Menschen adelt,
Den tiefstgesunkenen, das letzte Schicksal.
Die Krone fühl ich wieder auf dem Haupt,
Den würdgen Stolz in meiner edeln Seele!
[*Indem sie einige Schritte weiter vortritt*]
Wie? Melvil hier? – Nicht also, edler Sir!   3495
Steht auf! Ihr seid zu Eurer Königin
Triumph, zu ihrem Tode nicht gekommen.
Mir wird ein Glück zuteil, wie ich es nimmer
Gehoffet, daß mein Nachruhm doch nicht ganz
In meiner Feinde Hände ist, daß doch   3500

Bühnenanweisung zum 6. Auftritt. *weiß* in Wirklichkeit war Maria
schwarz gekleidet. – *Agnus Dei* = Lamm Gottes; Medaillon mit
diesem Symbol für Christus, vom Papst gesegnet

Ein Freund mir, ein Bekenner meines Glaubens
Als Zeuge dasteht in der Todesstunde.
– Sagt, edler Ritter! Wie erging es Euch,
In diesem feindlichen, unholden Lande,
Seitdem man Euch von meiner Seite riß?   3505
Die Sorg um Euch hat oft mein Herz bekümmert.

MELVIL   Mich drückte sonst kein Mangel, als der Schmerz
Um dich, und meine Ohnmacht, dir zu dienen!

MARIA   Wie stehts um Didier, meinen alten Kämmrer?
Doch der Getreue schläft wohl lange schon   3510
Den ewgen Schlaf, denn er war hoch an Jahren.

MELVIL   Gott hat ihm diese Gnade nicht erzeigt,
Er lebt, um deine Jugend zu begraben.

MARIA   Daß mir vor meinem Tode noch das Glück
Geworden wäre, ein geliebtes Haupt   3515
Der teuern Blutsverwandten zu umfassen!
Doch ich soll sterben unter Fremdlingen,
Nur eure Tränen soll ich fließen sehn!
– Melvil, die letzten Wünsche für die Meinen
Leg ich in Eure treue Brust – Ich segne   3520
Den allerchristlichsten König, meinen Schwager,
Und Frankreichs ganzes königliches Haus –
Ich segne meinen Öhm, den Kardinal,
Und Heinrich Guise, meinen edlen Vetter.
Ich segne auch den Papst, den heiligen   3525
Statthalter Christi, der mich wieder segnet,
Und den katholschen König, der sich edelmütig
Zu meinem Retter, meinem Rächer anbot –
Sie alle stehn in meinem Testament,

3507 **sonst kein** kein anderer   3521 Titel des französischen Königs,
hier Heinrich III., Bruder von Marias verstorbenem Gemahl Franz,
1589 ermordet   3523 **Öhm** Oheim, Onkel   3527 **kathol(i)schen**
König Titel des Königs von Spanien, hier Philipp II.

Sie werden die Geschenke meiner Liebe,   3530
Wie arm sie sind, darum gering nicht achten.
    [*Sich zu ihren Dienern wendend*]
Euch hab ich meinem königlichen Bruder
Von Frankreich anempfohlen, er wird sorgen
Für euch, ein neues Vaterland euch geben.
Und ist euch meine letzte Bitte wert,   3535
Bleibt nicht in England, daß der Brite nicht
Sein stolzes Herz an eurem Unglück weide,
Nicht d i e im Staube seh, die m i r gedient.
Bei diesem Bildnis des Gekreuzigten
Gelobet mir, dies unglückselge Land   3540
Alsbald, wenn ich dahin bin, zu verlassen!

MELVIL   [*berührt das Kruzifix*]
Ich schwöre dirs, im Namen dieser aller.

MARIA   Was ich, die Arme, die Beraubte, noch besaß,
Worüber mir vergönnt ist frei zu schalten,
Das hab ich unter euch verteilt, man wird,   3545
Ich hoff es, meinen letzten Willen ehren.
Auch was ich auf dem Todeswege trage,
Gehöret euch – Vergönnet mir noch einmal
Der Erde Glanz auf meinem Weg zum Himmel!
    [*Zu den Fräulein*]
Dir, meine Alix, Gertrud, Rosamund,   3550
Bestimm ich meine Perlen, meine Kleider,
Denn eure Jugend freut sich noch des Putzes.
Du, Margareta, hast das nächste Recht
An meine Großmut, denn ich lasse dich
Zurück als die Unglücklichste von allen.   3555
Daß ich des Gatten Schuld an dir nicht räche,
Wird mein Vermächtnis offenbaren —Dich,
O meine treue Hanna, reizet nicht
Der Wert des Goldes, nicht der Steine Pracht,
Dir ist das höchste Kleinod mein Gedächtnis.   3560
Nimm dieses Tuch! Ich habs mit eigner Hand
Für dich gestickt in meines Kummers Stunden,

Und meine heißen Tränen eingewoben.
Mit diesem Tuch wirst du die Augen mir verbinden,
Wenn es so weit ist – diesen letzten Dienst   3565
Wünsch ich von meiner Hanna zu empfangen.

KENNEDY   O Melvil! Ich ertrag es nicht!

MARIA   Kommt alle!
Kommt und empfangt mein letztes Lebwohl.
[*Sie reicht ihre Hände hin, eins nach dem andern
fällt ihr zu Füßen und küßt die dargebotne
Hand unter heftigem Weinen*]
Leb wohl, Margreta – Alix, lebe wohl –
Dank, Bourgoyn, für Eure treuen Dienste –   3570
Dein Mund brennt heiß, Gertrude – Ich bin viel
Gehasset worden, doch auch viel geliebt!
Ein edler Mann beglücke meine Gertrud,
Denn Liebe fodert dieses glühnde Herz –
Berta! Du hast das beßre Teil erwählt,   3575
Die keusche Braut des Himmels willst du werden!
O eile, dein Gelübde zu vollziehn!
Betrüglich sind die Güter dieser Erden,
Das lern an deiner Königin! – Nichts weiter!
Lebt wohl! Lebt wohl! Lebt ewig wohl!   3580
[*Sie wendet sich schnell von ihnen, alle, bis auf Melvil,
entfernen sich*]

SIEBENTER AUFTRITT

[*Maria. Melvil.*]

MARIA   Ich habe alles Zeitliche berichtigt,
Und hoffe keines Menschen Schuldnerin

3575 nach Lukas 10, 42: „Maria hat das gute Teil erwählt."
3581 Ich habe alle meine Angelegenheiten in Ordnung gebracht

Aus dieser Welt zu scheiden – Eins nur ists,
Melvil, was der beklemmten Seele noch
Verwehrt, sich frei und freudig zu erheben.   3585

MELVIL   Entdecke mirs. Erleichtre deine Brust,
Dem treuen Freund vertraue deine Sorgen.

MARIA   Ich stehe an dem Rand der Ewigkeit,
Bald soll ich treten vor den höchsten Richter,
Und noch hab ich den Heilgen nicht versöhnt.   3590
Versagt ist mir der Priester meiner Kirche.
Des Sakramentes heilge Himmelspeise
Verschmäh ich aus den Händen falscher Priester.
Im Glauben meiner Kirche will ich sterben,
Denn der allein ists, welcher selig macht.   3595

MELVIL   Beruhige dein Herz. Dem Himmel gilt
Der feurig fromme Wunsch statt des Vollbringens.
Tyrannenmacht kann nur die Hände fesseln,
Des Herzens Andacht hebt sich frei zu Gott,
Das Wort ist tot, der Glaube macht lebendig.   3600

MARIA   Ach Melvil! Nicht allein genug ist sich
Das Herz, ein irdisch Pfand bedarf der Glaube,
Das hohe Himmlische sich zuzueignen.
Drum ward der Gott zum Menschen, und verschloß
Die unsichtbaren himmlischen Geschenke   3605
Geheimnisvoll in einem sichtbarn Leib.
– Die Kirche ists, die heilige, die hohe,
Die zu dem Himmel uns die Leiter baut,
Die allgemeine, die katholsche heißt sie,
Denn nur der Glaube aller stärkt den Glauben,   3610
Wo Tausende anbeten und verehren,
Da wird die Glut zur Flamme, und beflügelt

3600 nach 2. Korinther 3, 6: „Denn der Buchstabe tötet, aber der
Geist macht lebendig." 3604 ward der Gott zum Menschen
Inkarnation

Schwingt sich der Geist in alle Himmel auf.
– Ach die Beglückten, die das froh geteilte
Gebet versammelt in dem Haus des Herrn!　　　3615
Geschmückt ist der Altar, die Kerzen leuchten,
Die Glocke tönt, der Weihrauch ist gestreut,
Der Bischof steht im reinen Meßgewand,
Er faßt den Kelch, er segnet ihn, er kündet
Das hohe Wunder der Verwandlung an,　　　3620
Und niederstürzt dem gegenwärtgen Gotte
Das gläubig überzeugte Volk – Ach! Ich
Allein bin ausgeschlossen, nicht zu mir
In meinen Kerker dringt der Himmelsegen.

MELVIL　Er dringt zu dir! Er ist dir nah! Vertraue　　3625
Dem Allvermögenden – der dürre Stab
Kann Zweige treiben in des Glaubens Hand!
Und der die Quelle aus dem Felsen schlug,
Kann dir im Kerker den Altar bereiten,
Kann diesen Kelch, die irdische Erquickung,　　　3630
Dir schnell in eine himmlische verwandeln.
[Er ergreift den Kelch, der auf dem Tische steht]

MARIA　Melvil! Versteh ich Euch? Ja! Ich versteh Euch!
Hier ist kein Priester, keine Kirche, kein
Hochwürdiges – Doch der Erlöser spricht:
Wo zwei versammelt sind in meinem Namen,　　　3635
Da bin ich gegenwärtig unter ihnen.
Was weiht den Priester ein zum Mund des Herrn?
Das reine Herz, der unbefleckte Wandel.

3614 **geteilte** gemeinsam gebetete; Gebet, an dem sich alle beteiligen
3620 **Verwandlung** von Brot und Wein in Leib und Blut Christi bei
der Kommunion, dem Abendmahl　　　3621 **niederstürzt** das Subjekt
ist **Volk** 3622　　　3622 **gläubig** *freudig* Bf.　　　3625–3631 Bf. vgl.
Anhang S. 203.　　　3626f. nach 4. Buch Mose [Numbers], 17, 8
3628 nach 4. Buch Mose 20, 11　　　3634 **Hochwürdiges** die Hostie, vgl.
290　　　3635f. nach Matthäus 18, 20　　　3637ff. Dieser Gedanke
entspricht nicht der katholischen Lehre

– So seid I h r mir, auch ungeweiht, ein Priester,
Ein Bote Gottes, der mir Frieden bringt.   3640
– Euch will ich meine letzte Beichte tun,
Und Euer Mund soll mir das Heil verkünden.

MELVIL Wenn dich das Herz so mächtig dazu treibt,
So wisse, Königin, daß dir zum Troste
Gott auch ein Wunder wohl verrichten kann.   3645
Hier sei kein Priester, sagst du, keine Kirche,
Kein Leib des Herrn? – Du irrest dich. Hier i s t
Ein Priester, und ein Gott ist hier zugegen.
[*Er entblößt bei diesen Worten das Haupt, zu-
gleich zeigt er ihr eine Hostie in einer goldenen
Schale*]
– Ich bin ein Priester, deine letzte Beichte
Zu hören, dir auf deinem Todesweg   3650
Den Frieden zu verkündigen, hab ich
Die sieben Weihn auf meinem Haupt empfangen,
Und diese Hostie überbring ich dir
Vom heilgen Vater, die er selbst geweihet.

MARIA O so muß an der Schwelle selbst des Todes   3655
Mir noch ein himmlisch Glück bereitet sein!
Wie ein Unsterblicher auf goldnen Wolken
Herniederfährt, wie den Apostel einst
Der Engel führte aus des Kerkers Banden,
Ihn hält kein Riegel, keines Hüters Schwert,   3660
Er schreitet mächtig durch verschloßne Pforten,
Und im Gefängnis steht er glänzend da,
So überrascht mich hier der Himmelsbote,

3641 **Beichte** *Bekenntnis* Bf.   3643–3672 Bf. vgl. Anhang S. 203.
3652 Die siebente Weihe ist die Priesterweihe   3653 Angeblich hatte
Maria für ihre Todesstunde eine vom Papst geweihte Hostie bei
sich. Daß ein Priester ihr heimlich das Abendmahl reichte, ist wohl
Erfindung Schillers. Neuere Forschung behauptet jedoch, es sei
tatsächlich geschehen   3657–3662 nach Apostelgeschichte [Acts] 12,
7-9

Da jeder irdsche Retter mich getäuscht!
– Und Ihr, mein Diener einst, seid jetzt der Diener 3665
Des höchsten Gottes, und sein heilger Mund!
Wie Eure Kniee sonst vor mir sich beugten,
So lieg ich jetzt im Staub vor Euch.
[*Sie sinkt vor ihm nieder*]

MELVIL [*indem er das Zeichen des Kreuzes über sie
macht*]
                Im Namen
Des Vaters und des Sohnes und des Geistes!
Maria, Königin! Hast du dein Herz 3670
Erforschet, schwörst du, und gelobest du
Wahrheit zu beichten vor dem Gott der Wahrheit?

MARIA Mein Herz liegt offen da vor dir und ihm.

MELVIL Sprich, welcher Sünde zeiht dich dein Gewissen,
Seitdem du Gott zum letztenmal versöhnt? 3675

MARIA Von neidschem Hasse war mein Herz erfüllt,
Und Rachgedanken tobten in dem Busen.
Vergebung hofft ich Sünderin von Gott,
Und konnte nicht der Gegnerin vergeben.

MELVIL Bereuest du die Schuld, und ists dein ernster 3680
Entschluß, versöhnt aus dieser Welt zu scheiden?

MARIA So wahr ich hoffe, daß mir Gott vergebe.

MELVIL Welch andrer Sünde klagt das Herz dich an?

[3674] **zeiht** klagt . . . an   [3765] = Seitdem du dich durch Beichte und
Absolution zum letzten Mal mit Gott versöhnt hast   [3682] **daß mir
Gott vergebe** *auf des Himmels Freuden* Bf.

MARIA Ach, nicht durch Haß allein, durch sündge Liebe
       Noch mehr hab ich das höchste Gut beleidigt.   3685
       Das eitle Herz ward zu dem Mann gezogen,
       Der treulos mich verlassen und betrogen!

MELVIL Bereuest du die Schuld, und hat dein Herz
        Vom eiteln Abgott sich zu Gott gewendet?

MARIA Es war der schwerste Kampf, den ich bestand,   3690
       Zerrissen ist das letzte irdsche Band.

MELVIL Welch andrer Schuld verklagt dich dein Gewissen?

MARIA Ach, eine frühe Blutschuld, längst gebeichtet,
       Sie kehrt zurück mit neuer Schreckenskraft,
       Im Augenblick der letzten Rechenschaft,   3695
       Und wälzt sich schwarz mir vor des Himmels Pforten.
       Den König, meinen Gatten, ließ ich morden,
       Und dem Verführer schenkt ich Herz und Hand!
       Streng büßt ichs ab mit allen Kirchenstrafen,
       Doch in der Seele will der Wurm nicht schlafen.   3700

MELVIL Verklagt das Herz dich keiner andern Sünde,
        Die du noch nicht gebeichtet und gebüßt?

MARIA Jetzt weißt du alles, was mein Herz belastet.

MELVIL Denk an die Nähe des Allwissenden!
        Der Strafen denke, die die heilge Kirche   3705
        Der mangelhaften Beichte droht! Das ist

---

³⁶⁸⁵ **das höchste Gut** Gott   ³⁶⁹³ **gebeichtet** *erlassen* Bf.   ³⁷⁰⁰ nach
Markus 9, 44 bezw. 48   ³⁷⁰² **gebeichtet und gebüßt** *bekannt und
abgebüßt* Bf.   ³⁷⁰⁵f. **die heilge . . . droht!** *den Meineid treffen, der
den Wahrhaftigen belügt!* Bf.   ³⁷⁰⁶ Dieser Gedanke geht über die
katholische Lehre hinaus

Die Sünde zu dem ewgen Tod, denn das
Ist wider seinen heilgen Geist gefrevelt!

MARIA So schenke mir die ewge Gnade Sieg   [verschwieg.
Im letzten Kampf, als ich dir wissend nichts   3710

MELVIL Wie? deinem Gott verhehlst du das Verbrechen,
Um dessentwillen dich die Menschen strafen?
Du sagst mir nichts von deinem blutgen Anteil
An Babingtons und Parrys Hochverrat?
Den zeitlichen Tod stirbst du für diese Tat,   3715
Willst du auch noch den ewgen dafür sterben?

MARIA Ich bin bereit zur Ewigkeit zu gehn,
Noch eh sich der Minutenzeiger wendet,
Werd ich vor meines Richters Throne stehn,
Doch wiederhol ichs, meine Beichte ist vollendet.   3720

MELVIL Erwäg es wohl. Das Herz ist ein Betrüger.
Du hast vielleicht mit listgem Doppelsinn
Das W o r t vermieden, das dich schuldig macht,
Obgleich der W i l l e das Verbrechen teilte.
Doch wisse, keine Gaukelkunst berückt   3725
Das Flammenauge, das ins Innre blickt!

MARIA Ich habe alle Fürsten aufgeboten,
Mich aus unwürdgen Banden zu befrein,
Doch nie hab ich durch Vorsatz oder Tat
Das Leben meiner Feindin angetastet!   3730

MELVIL So hätten deine Schreiber falsch gezeugt?

MARIA Wie ich gesagt, so ists. Was jene zeugten,
Das richte Gott!

3707f. nach Matthäus 12, 31f.; 1. Johannes 5, 16   3720 **Beichte**
Bekenntnis Bf.

MELVIL   So steigst du, überzeugt
Von deiner Unschuld, auf das Blutgerüste?

MARIA   Gott würdigt mich, durch diesen unverdienten   3735
Die frühe schwere Blutschuld abzubüßen.   [Tod

MELVIL   [*macht den Segen über sie*]
So gehe hin, und sterbend büße sie!
Sink ein ergebnes Opfer am Altare,
Blut kann versöhnen, was das Blut verbrach,
Du fehltest nur aus weiblichem Gebrechen,   3740
Dem selgen Geiste folgen nicht die Schwächen
Der Sterblichkeit in die Verklärung nach.
Ich aber künde dir, kraft der Gewalt,
Die mir verliehen ist, zu lösen und zu binden,
Erlassung an von allen deinen Sünden!   3745
Wie du geglaubet, so geschehe dir!
[*Er reicht ihr die Hostie*]
Nimm hin den Leib, er ist für dich geopfert!
[*Er ergreift den Kelch, der auf dem Tische steht,
konsekriert ihn mit stillem Gebet, dann reicht er
ihr denselben. Sie zögert, ihn anzunehmen, und
weist ihn mit der Hand zurück.*]
Nimm hin das Blut, es ist für dich vergossen!
Nimm hin! Der Papst erzeigt dir diese Gunst!
Im Tode noch sollst du das höchste Recht   3750
Der Könige, das priesterliche, üben!
[*Sie empfängt den Kelch*]
Und wie du jetzt dich in dem irdschen Leib

3735–3739 Dieser Gedanke entspricht dem alttestamentlichen Glauben,
ferner der antiken Vorstellung der Nemesis, der Rachegöttin des
Schicksals   3738–3757 Bf. vgl. Anhang, S. 204.   3743f. nach Matthäus
16, 19   3746 nach Matthäus 9, 29. Protestantisch, nicht katholisch
3750 Die französischen Könige genossen an ihrem Krönungstage das
Abendmahl in beiderlei Gestalt, in Brot und Wein, was sonst ein
Vorrecht des Priesters ist

Geheimnisvoll mit deinem Gott verbunden,
So wirst du dort in seinem Freudenreich,
Wo keine Schuld mehr sein wird, und kein   3755
Ein schön verklärter Engel, dich   [Weinen,
Auf ewig mit dem Göttlichen vereinen.
[*Er setzt den Kelch nieder. Auf ein Geräusch,
das gehört wird, bedeckt er sich das Haupt, und
geht an die Türe, Maria bleibt in stiller Andacht
auf den Knien liegen.*]

MELVIL   [*zurückkommend*]
Dir bleibt ein harter Kampf noch zu bestehn.
Fühlst du dich stark genug, um jede Regung
Der Bitterkeit, des Hasses zu besiegen?   3760

MARIA   Ich fürchte keinen Rückfall. Meinen Haß
Und meine Liebe hab ich Gott geopfert.

MELVIL   Nun so bereite dich, die Lords von Leicester
Und Burleigh zu empfangen. Sie sind da.

ACHTER AUFTRITT

[*Die Vorigen. Burleigh. Leicester und Paulet.
Leicester bleibt ganz in der Entfernung stehen, ohne die
Augen aufzuschlagen. Burleigh, der seine Fassung be-
obachtet, tritt zwischen ihn und die Königin.*]

BURLEIGH   Ich komme, Lady Stuart, Eure letzten   3765
Befehle zu empfangen.

MARIA   Dank, Mylord!

BURLEIGH Es ist der Wille meiner Königin,
Daß Euch nichts Billiges verweigert werde.

MARIA Mein Testament nennt meine letzten Wünsche.
Ich habs in Ritter Paulets Hand gelegt, 3770
Und bitte, daß es treu vollzogen werde.

PAULET Verlaßt Euch drauf.

MARIA Ich bitte, meine Diener ungekränkt
Nach Schottland zu entlassen, oder Frankreich,
Wohin sie selber wünschen und begehren. 3775

BURLEIGH Es sei, wie Ihr es wünscht.

MARIA   Und weil mein Leichnam
Nicht in geweihter Erde ruhen soll,
So dulde man, daß dieser treue Diener
Mein Herz nach Frankreich bringe zu den Meinen.
– Ach! Es war immer dort! 3780

BURLEIGH   Es soll geschehn!
Habt Ihr noch sonst –

MARIA   Der Königin von England
Bringt meinen schwesterlichen Gruß – Sagt ihr,
Daß ich ihr meinen Tod von ganzem Herzen
Vergebe, meine Heftigkeit von gestern
Ihr reuevoll abbitte – Gott erhalte sie, 3785
Und schenk ihr eine glückliche Regierung!

[3768] **Billiges** = Gerechtes   [3776] Ein paar Tage lang kümmerte man
sich überhaupt nicht um Marias Leichnam. Dann aber wurde er mit
großem Pomp in der Kathedrale von Peterborough bestattet und
1612, während der Regierung Jakobs I., nach der Westminster Abtei
überführt, wo auch Elisabeth begraben liegt   [3785f.] **Gott . . .
Regierung!** Maria hat diesen Segenswunsch tatsächlich geäußert

BURLEIGH Sprecht! Habt Ihr noch nicht bessern Rat erwählt?
Verschmäht Ihr noch den Beistand des Dechanten?

MARIA Ich bin mit meinem Gott versöhnt – Sir Paulet!
Ich hab Euch schuldlos vieles Weh bereitet, 3790
Des Alters Stütze Euch geraubt – O laßt
Mich hoffen, daß Ihr meiner nicht mit Haß
Gedenket –

PAULET [*gibt ihr die Hand*]
Gott sei mit Euch! Gehet hin im Frieden!

NEUNTER AUFTRITT

[*Die Vorigen. Hanna Kennedy und die anderen
Frauen der Königin dringen herein mit Zeichen des
Entsetzens, ihnen folgt der Sheriff, einen weißen Stab
in der Hand, hinter demselben sieht man durch die offen
bleibende Türe gewaffnete Männer.*]

MARIA Was ist dir, Hanna? – Ja, nun ist es Zeit!
Hier kommt der Sheriff, uns zum Tod zu führen. 3795
Es muß geschieden sein! Lebt wohl! lebt wohl!
[*Ihre Frauen hängen sich an sie mit heftigem
Schmerz; zu Melvil*]
Ihr, werter Sir, und meine treue Hanna
Sollt mich auf diesem letzten Gang begleiten.
Mylord versagt mir diese Wohltat nicht!

[3795] **Bf.** ersetzt die folgende Regieanweisung durch: KENNEDY
und KURL. *Wir lassen dich nicht! Wir trennen uns nicht von dir!*
[3796] **Es muß geschieden sein.** Wir müssen scheiden [uns trennen]

BURLEIGH   Ich habe dazu keine Vollmacht.   3800

MARIA   Wie?
Die kleine Bitte könntet Ihr mir weigern?
Habt Achtung gegen mein Geschlecht! Wer soll
Den letzten Dienst mir leisten! Nimmermehr
Kann es der Wille meiner Schwester sein,
Daß mein Geschlecht in mir beleidigt werde,   3805
Der Männer rohe Hände mich berühren!

BURLEIGH   Es darf kein Weib die Stufen des Gerüstes
Mit Euch besteigen – Ihr Geschrei und Jammern –

MARIA   Sie soll nicht jammern! Ich verbürge mich
Für die gefaßte Seele meiner Hanna!   3810
Seid gütig, Lord. O trennt mich nicht im Sterben
Von meiner treuen Pflegerin und Amme!
Sie trug auf ihren Armen mich ins Leben,
Sie leite mich mit sanfter Hand zum Tod.

PAULET   [zu Burleigh]
Laßt es geschehn.   3815

BURLEIGH   Es sei.

MARIA   Nun hab ich nichts mehr
Auf dieser Welt –
                [Sie nimmt das Kruzifix, und küßt es]
Mein Heiland! Mein Erlöser!
Wie du am Kreuz die Arme ausgespannt,
So breite sie jetzt aus, mich zu empfangen.
[Sie wendet sich zu gehen, in diesem Augenblick
begegnet ihr Auge dem Grafen Leicester, der bei
ihrem Aufbruch unwillkürlich aufgefahren, und

3805 **Geschlecht** sex   3817f. Das ist fast wörtlich nach der
Überlieferung

nach ihr hingesehen. – Bei diesem Anblick zittert
Maria, die Knie versagen ihr, sie ist im Begriff
hinzusinken, da ergreift sie Graf Leicester, und
empfängt sie in seinen Armen. Sie sieht ihn eine
Zeitlang ernst und schweigend an, er kann ihren
Blick nicht aushalten, endlich spricht sie]
Ihr haltet Wort, Graf Leicester – Ihr verspracht
Mir Euren Arm, aus diesem Kerker mich   3820
Zu führen, und Ihr leihet mir ihn jetzt!
[Er steht wie vernichtet. Sie fährt mit sanfter
Stimme fort]
Ja, Leicester, und nicht bloß
Die Freiheit wollt ich Eurer Hand verdanken.
Ihr solltet mir die Freiheit t e u e r machen,
An Eurer Hand, beglückt durch Eure Liebe,   3825
Wollt ich des neuen Lebens mich erfreun.
Jetzt, da ich auf dem Weg bin, von der Welt
Zu scheiden, und ein selger Geist zu werden,
Den keine irdsche Neigung mehr versucht,
Jetzt, Leicester, darf ich ohne Schamerröten   3830
Euch die besiegte Schwachheit eingestehn –
Lebt wohl, und wenn Ihr könnt, so lebt beglückt!
Ihr durftet werben um zwei Königinnen,
Ein zärtlich liebend Herz habt Ihr verschmäht,
Verraten, um ein stolzes zu gewinnen,   3835
Kniet zu den Füßen der Elisabeth!
Mög Euer Lohn nicht Eure Strafe werden!
Lebt wohl! – Jetzt hab ich nichts mehr auf der Erden!
[Sie geht ab, der Sheriff voraus, Melvil und die Amme
ihr zur Seite, Burleigh und Paulet folgen, die übrigen sehen
ihr jammernd nach, bis sie verschwunden ist, dann ent-
fernen sie sich durch die zwei andern Türen]

[3822] Der Vers war ursprünglich vollständig. Voraus gingen 12 Verse,
die noch in Bf. stehen, von Schiller aber für den Druck gestrichen
wurden

ZEHNTER AUFTRITT

[Leicester allein zurückbleibend]

Ich lebe noch! Ich trag es, noch zu leben!
Stürzt dieses Dach nicht sein Gewicht auf mich!   3840
Tut sich kein Schlund auf, das elendeste
Der Wesen zu verschlingen! Was hab ich
Verloren! Welche Perle warf ich hin!
Welch Glück der Himmel hab ich weggeschleudert!
—Sie geht dahin, ein schon verklärter Geist,   3845
Und mir bleibt die Verzweiflung der Verdammten.
– Wo ist mein Vorsatz hin, mit dem ich kam,
Des Herzens Stimme fühllos zu ersticken?
Ihr fallend Haupt zu sehn mit unbewegten Blicken?
Weckt mir ihr Anblick die erstorbne Scham?   3850
Muß sie im Tod mit Liebesbanden mich umstricken?
– Verworfener, dir steht es nicht mehr an;
In zartem Mitleid weibisch hinzuschmelzen,
Der Liebe Glück liegt nicht auf deiner Bahn,
Mit einem ehrnen Harnisch angetan   3855
Sei deine Brust, die Stirne sei ein Felsen!
Willst du den Preis der Schandtat nicht verlieren,
Dreist mußt du sie behaupten und vollführen!
Verstumme Mitleid, Augen, werdet Stein,
Ich seh sie fallen, ich will Zeuge sein.   3860
*[Er geht mit entschloßnem Schritt der Türe zu,
durch welche Maria gegangen, bleibt aber auf
der Mitte des Weges stehen]*
Umsonst! Umsonst! Mich faßt der Hölle Grauen,
Ich kann, ich kann das Schreckliche nicht schauen,
Kann sie nicht sterben sehen – Horch! Was war das?
Sie sind schon unten – Unter meinen Füßen
Bereitet sich das fürchterliche Werk.   3865

3852 = „du hast nicht mehr das moralische Recht".

193

Ich höre Stimmen – Fort! Hinweg! Hinweg
Aus diesem Haus des Schreckens und des Todes!
[*Er will durch eine andre Tür entfliehn, findet sie
aber verschlossen, und fährt zurück*]
Wie? Fesselt mich ein Gott an diesen Boden?
Muß ich anhören, was mir anzuschauen graut?
Die Stimme des Dechanten – Er ermahnet sie –   3870
– Sie unterbricht ihn – Horch! – Laut betet sie –
Mit fester Stimme – Es wird still – Ganz still!
Nur schluchzen hör ich, und die Weiber weinen –
Sie wird entkleidet – Horch! Der Schemel wird
Gerückt – Sie kniet aufs Kissen – legt das Haupt –   3875
[*Nachdem er die letzten Worte mit steigender Angst
gesprochen, und eine Weile inne gehalten, sieht man
ihn plötzlich mit einer zuckenden Bewegung zusammen-
fahren, und ohnmächtig niedersinken, zugleich erschallt
von unten herauf ein dumpfes Getöse von Stimmen,
welches lange forthallt.*]

Das zweite Zimmer des vierten Aufzugs

ELFTER AUFTRITT

[*Elisabeth tritt aus einer Seitentüre, ihr Gang und ihre
Gebärden drücken die heftigste Unruhe aus*]

Noch niemand hier – Noch keine Botschaft –Will
Nicht Abend werden? Steht die Sonne fest   [es
In ihrem himmlischen Lauf? – Ich soll noch länger
Auf dieser Folter der Erwartung liegen.

[3874f.] **Der Schemel wird gerückt** vermutlich wird ein niedriges
Stühlchen, an dem Maria gebetet hat, weggerückt

– I s t es geschehen? Ist es n i c h t? – Mir graut   3880
Vor beidem, und ich wage nicht zu fragen!
Graf Leicester zeigt sich nicht, auch Burleigh nicht,
Die ich ernannt, das Urteil zu vollstrecken.
Sind sie von London abgereist – Dann ists
Geschehn, der Pfeil ist abgedrückt, er fliegt,   3885
Er trifft, er hat getroffen, gälts mein Reich,
Ich kann ihn nicht mehr halten – Wer ist da?

ZWÖLFTER AUFTRITT

[*Elisabeth. Ein Page.*]

ELISABETH   Du kommst allein zurück – Wo sind die Lords?

PAGE   Mylord von Leicester und der Großschatzmeister –

ELISABETH   [*in der höchsten Spannung*]
              Wo sind sie?   3890

PAGE   Sie sind n i c h t in London.

ELISABETH   Nicht?
              – Wo sind sie denn?

PAGE   Das wußte niemand mir zu sagen.
              Vor Tages Anbruch hätten beide Lords
              Eilfertig und geheimnisvoll die Stadt
              Verlassen.

ELISABETH   [*lebhaft ausbrechend*]

---

³⁸⁸⁶ **gälts mein Reich** wenn ich mein Reich dafür aufs Spiel setzte

Ich bin Königin von England!
[*Auf und nieder gehend in der höchsten*
Bewegung]
Geh! Rufe mir – nein, bleibe – Sie ist tot!   3895
Jetzt endlich hab ich Raum auf dieser Erde.
– Was zittr ich? Was ergreift mich diese Angst?
Das Grab deckt meine Furcht, und wer darf sagen,
Ich habs getan! Es soll an Tränen mir
Nicht fehlen, die Gefallne zu beweinen!   3900
[*Zum Pagen*]
Stehst du noch hier? – Mein Schreiber Davison
Soll augenblicklich sich hierher verfügen.
Schickt nach dem Grafen Shrewsbury – Da ist
Er selbst! [*Page geht ab*]

DREIZEHNTER AUFTRITT

[*Elisabeth. Graf Shrewsbury.*]

ELISABETH   Willkommen, edler Lord. Was bringt Ihr?
Nichts Kleines kann es sein, was Euern Schritt   3905
So spät hierher führt.

SHREWSBURY   Große Königin,
Mein sorgenvolles Herz, um deinen Ruhm
Bekümmert, trieb mich heute nach dem Tower,
Wo Kurl und Nau, die Schreiber der Maria
Gefangen sitzen, denn noch einmal wollt ich   3910
Die Wahrheit ihres Zeugnisses erproben.
Bestürzt, verlegen weigert sich der Leutnant
Des Turms, mir die Gefangenen zu zeigen,

3901 **Schreiber** Schiller hat Davison offenbar als Sekretär =
Schreiber eingeschätzt, nicht als Secretary of State = Außenminister

Durch Drohung nur verschafft ich mir den Eintritt,
– Gott, Welcher Anblick zeigte mir sich da!   3915
Das Haar verwildert, mit des Wahnsinns Blicken,
Wie ein von Furien Gequälter, lag
Der Schotte Kurl auf seinem Lager – Kaum
Erkennt mich der Unglückliche, so stürzt er
Zu meinen Füßen – schreiend, meine Knie   3920
Umklammernd mit Verzweiflung, wie ein Wurm
Vor mir gekrümmt – fleht er mich an, beschwört mich,
Ihm seiner Königin Schicksal zu verkünden;
Denn ein Gerücht, daß sie zum Tod verurteilt sei,
War in des Towers Klüfte eingedrungen.   3925
Als ich ihm das bejahet nach der Wahrheit,
Hinzu gefügt, daß es sein Zeugnis sei,
Wodurch sie sterbe, sprang er wütend auf,
Fiel seinen Mitgefangnen an, riß ihn
Zu Boden, mit des Wahnsinns Riesenkraft,   3930
Ihn zu erwürgen strebend. Kaum entrissen wir
Den Unglückselgen seines Grimmes Händen.
Nun kehrt' er gegen sich die Wut, zerschlug
Mit grimmgen Fäusten sich die Brust, verfluchte sich
Und den Gefährten allen Höllengeistern.   3935
Er habe falsch gezeugt, die Unglücksbriefe
An Babington, die er als echt beschworen,
Sie seien falsch, er habe andre Worte
Geschrieben, als die Königin diktiert,
Der Böswicht Nau hab ihn dazu verleitet.   3940
Drauf rannt er an das Fenster, riß es auf
Mit wütender Gewalt, schrie in die Gassen
Hinab, daß alles Volk zusammen lief,
Er sei der Schreiber der Maria, sei
Der Böswicht, der sie fälschlich angeklagt,   3945
Er sei verflucht, er sei ein falscher Zeuge!

3915ff. Kurls Widerruf ist Schillers Erfindung   3925 **Klüfte** = Tiefen
3834f. **verfluchte . . .Höllengeistern** cursing himself and his companion
and consigning them both to all the fiends of Hell

ELISABETH   Ihr sagtet selbst, daß er von Sinnen war.
Die Worte eines Rasenden, Verrückten,
Beweisen nichts.

SHREWSBURY   Doch dieser Wahnsinn selbst
Beweiset desto mehr! O Königin!   3950
Laß dich beschwören, übereile nichts,
Befiehl, daß man von neuem untersuche.

ELISABETH   Ich will es tun – weil Ihr es wünschet, Graf.
Nicht weil ich glauben kann, daß meine Peers
In dieser Sache übereilt gerichtet.   3955
Euch zur Beruhigung erneure man
Die Untersuchung – Gut, daß es noch Zeit ist!
An unsrer königlichen Ehre soll
Auch nicht der Schatten eines Zweifels haften.

VIERZEHNTER AUFTRITT

[Davison zu den Vorigen.]

ELISABETH   Das Urteil, Sir, das ich in Eure Hand   3960
Gelegt – Wo ists?

DAVISON   *[im höchsten Erstaunen]*
              Das Urteil?

ELISABETH   Das ich gestern
Euch in Verwahrung gab –

DAVISON   Mir in Verwahrung!

ELISABETH   Das Volk bestürmte mich, zu unterzeichnen,
Ich mußt ihm seinen Willen tun, ich tats,

Gezwungen tat ichs, und in Eure Hände 3965
Legt ich die Schrift, ich wollte Zeit gewinnen,
Ihr wißt, was ich Euch sagte – Nun! Gebt her!

SHREWSBURY Gebt, werter Sir, die Sachen liegen anders,
Die Untersuchung muß erneuert werden.

DAVISON Erneuert? – Ewige Barmherzigkeit! 3970

ELISABETH Bedenkt Euch nicht so lang. Wo ist die Schrift?

DAVISON [in Verzweiflung]
Ich bin gestürzt, ich bin ein Mann des Todes!

ELISABETH [hastig einfallend]
Ich will nicht hoffen, Sir –

DAVISON Ich bin verloren!
Ich hab sie nicht mehr.

ELISABETH Wie? Was?

SHREWSBURY Gott im Himmel!

DAVISON Sie ist in Burleighs Händen – schon seit gestern. 3975

ELISABETH Unglücklicher? So habt Ihr mir gehorcht,
Befahl ich Euch nicht streng, sie zu verwahren?

DAVISON Das hast du nicht befohlen, Königin.

ELISABETH Willst du mich Lügen strafen, Elender?
Wann hieß ich dir die Schrift an Burleigh geben? 3980

DAVISON Nicht in bestimmten, klaren Worten – aber –

ELISABETH Nichtswürdiger! Du wagst es, meine Worte

199

Zu deuten? Deinen eignen blutgen Sinn
Hinein zu legen? – Wehe dir, wenn Unglück
Aus dieser eigenmächtgen Tat erfolgt,   3985
Mit deinem Leben sollst du mirs bezahlen.
– Graf Shrewsbury, Ihr sehet, wie mein Name
Gemißbraucht wird.

SHREWSBURY   Ich sehe – O mein Gott!

ELISABETH Was sagt Ihr?

SHREWSBURY   Wenn der Squire sich dieser Tat
Vermessen hat auf eigene Gefahr,   3990
Und ohne deine Wissenschaft gehandelt,
So muß er vor den Richterstuhl der Peers
Gefodert werden, weil er deinen Namen
Dem Abscheu aller Zeiten preisgegeben.

LETZTER AUFTRITT

[*Die Vorigen. Burleigh, zuletzt Kent.*]

BURLEIGH [*beugt ein Knie vor der Königin*]
Lang lebe meine königliche Frau,   3995
Und mögen alle Feinde dieser Insel
Wie diese Stuart enden!
[*Shrewsbury verhüllt sein Gesicht, Davison ringt
verzweiflungsvoll die Hände*]

ELISABETH   Redet, Lord!

3989f. **sich dieser Tat vermessen hat** sich diese Tat angemaßt hat
3991 **Wissenschaft** Kenntnis [wie 869]   3995–3997 Das sind die
historischen Worte, die der Dechant nach der Enthauptung sprach

Habt Ihr den tödlichen Befehl von mir
Empfangen?

BURLEIGH   Nein, Gebieterin! Ich empfing ihn
Von Davison.   4000

ELISABETH   Hat Davison ihn Euch
In meinem Namen übergeben?

BURLEIGH   Nein!
Das hat er nicht –

ELISABETH   Und Ihr vollstrecktet ihn,
Rasch, ohne meinen Willen erst zu wissen?
Das Urteil war gerecht, die Welt kann uns
Nicht tadeln, aber Euch gebührte nicht,   4005
Der Milde unsres Herzens vorzugreifen –
Drum seid verbannt von unserm Angesicht!
            [Zu Davison]
Ein strengeres Gericht erwartet Euch,
Der seine Vollmacht frevelnd überschritten,
Ein heilig anvertrautes Pfand veruntreut.   4010
Man führ ihn nach dem Tower, es ist mein Wille,
Daß man auf Leib und Leben ihn verklage.
– Mein edler Talbot! Euch allein hab ich
Gerecht erfunden unter meinen Räten,
Ihr sollt fortan mein Führer sein, mein Freund –   4015

SHREWSBURY   Verbanne deine treusten Freunde nicht,
Wirf sie nicht ins Gefängnis, die für dich
Gehandelt haben, die jetzt für dich schweigen.
– Mir aber, große Königin, erlaube,

4007 Burleigh fiel nur zwei Monate in „Ungnade"   4011 Davison
wurde tatsächlich in den Tower geworfen. Er kam zwar mit einer
Geldstrafe davon, deren ungeheurer Betrag ihm anscheinend später
zurückgegeben wurde. Dennoch war er ein ruinierter Mann.

Daß ich das Siegel, das du mir zwölf Jahre   4020
Vertraut, zurück in deine Hände gebe.

ELISABETH   [*betroffen*]
Nein, Shrewsbury! Ihr werdet mich jetzt nicht
Verlassen, jetzt –

SHREWSBURY   Verzeih, ich bin zu alt,
Und diese grade Hand, sie ist zu starr,
Um deine neuen Taten zu versiegeln.   4025

ELISABETH   Verlassen wollte mich der Mann, der mir
Das Leben rettete?

SHREWSBURY   Ich habe wenig
Getan – Ich habe deinen edlern Teil
Nicht retten können. Lebe, herrsche glücklich!
Die Gegnerin ist tot. Du hast von nun an   4030
Nichts mehr zu fürchten, brauchst nichts mehr zu achten.
              [*Geht ab*]

ELISABETH   [*zum Grafen Kent, der hereintritt*]
Graf Leicester komme her!

KENT   Der Lord läßt sich
Entschuldigen, er ist zu Schiff nach Frankreich.
[*Sie bezwingt sich und steht mit ruhiger Fassung da.*
              Der Vorhang fällt]

4024 **g(e)rade** = ehrlich   4032 Leicester blieb bis zu seinem Tode in
der Gunst der Königin   4033 **Fassung** bedeutet hier die äußerliche
Fassung im Gegensatz zu 3378

In V,8 hat Schiller auf Veranlassung des Großherzogs von
Sachsen–Weimar und der Zensur für die Aufführung größere
Änderungen vorgenommen, durch welche die Elemente des katho-
lischen Kultes zurückgedrängt wurden.

3625–31   Er dringt zu dir, er ist dir nah, ihn schließt
Kein Tempel ein, kein Kerker schließt ihn aus.
Nicht in der Formel ist der Geist enthalten,
Den Ewigen begrenzt kein irdisch Haus.
Das sind nur Hüllen, nur die Scheingestalten
Der unsichtbaren Himmelskraft:
Es ist der Glaube, der den Gott erschafft.

3643–72   Wenn mich dein Herz dafür erklärt, so bin ich
Für dich ein Priester, diese Kerzen sind
Geweihet, und wir stehn an heilger Stätte.
Ein Sakrament ist jegliches Bekenntnis,
Das du der ewigen Wahrheit tust. Spricht doch
Im Beichtstuhl selbst der Mensch nur zu dem Menschen,
Es spricht der Sündige den Sünder frei;
Und eitel ist des Priesters Lösewort,
Wenn dich der Gott nicht löst in deinem Busen.
Doch kann es dich beruhigen, so schwör ich dir,
Was ich jetzt noch nicht *bin,* ich will es *werden.*
Ich will die Weihn empfangen, die mir fehlen.
Dem Himmel widm' ich künftig meine Tage;
Kein irdisches Geschäft soll diese Hände
Fortan entweihn, die dir den Segen gaben.
Und dieses Priesterrecht, das ich voraus
Mir nehme, wird der Papst bestätigen.
Das ist die Wohltat unserer heilgen Kirche,

Daß sie ein sichtbar Oberhaupt verehrt,
Dem die Gewalt inwohnet, das Gemeine
Zu heilgen und den Mangel zu ergänzen;
Drum wenn der Mangel nicht in deinem Herzen,
Nicht in dem Priester ist er – diese Handlung
Hat volle Kraft, sobald du daran glaubst.

[*Maria kniet vor ihm nieder*]

Hast du dein Herz erforscht, schwörst du, gelobst du,
Wahrheit zu reden vor dem Gott der Wahrheit?

[Das ist eine Weiterführung der unkatholischen Vorstellung von 3637 ff.]

3738–57   Du fehltest nur aus weiblichem Gebrechen.
Blut kann versöhnen, was das Blut verbrach,
Dem selgen Geiste folgen nicht die Schwächen
Der Sterblichkeit in die Verklärung nach.
Sinke als ein ergebnes Opfer am Altar!
Gib hin dem Staube, was vergänglich war,
Die irdsche Schönheit und die irdsche Krone!
Und als ein schöner Engel schwinge dich
In seines Lichtes Freudenzone,
Wo keine Schuld mehr sein wird und kein Weinen,
Gereinigt in den Schoß des ewig Reinen!

FRAGEN

I. Aufzug

1 In was für Satzarten beginnt der Auftritt?
2 Was für Gefühle drücken sie aus?
3 Welche Gefühle und Gedanken weckt die Auseinandersetzung im Zuschauer?
4 Macht es einen Unterschied, wenn wir stattdessen nach dem Eindruck auf den Leser fragen?

AUFTRITT 2:

5 Wie redet die Kennedy?
6 Wie redet Maria am Anfang zur Kennedy, und wie redet sie am Ende zu Paulet?

AUFTRITT 4:

7 Was will die Kennedy in dem Gespräch erreichen, und was erreicht sie?

AUFTRITT 6:

8 Aus was für Motiven läßt Mortimer sich zum Katholizismus bekehren und zur Befreiung Marias bewegen?
9 Weckt Mortimers Bericht bei uns Sympathien für die katholische oder für die englische Partei?
10 Welche Funktion hat der 6. Auftritt für den 7.?

AUFTRITT 7:

11 Wer siegt in dem Rede-Duell?

12 Wird das Duell (und seine Wirkung auf uns) beeinflußt durch die Streichung der Verse 766–798 in Bf.?

AUFTRITT 8:

13 Wie stellt Paulet sich in den drei ersten und in den drei letzten Auftritten zu Maria?
14 Wie wird dadurch das Urteil des Zuschauers beeinflußt?
15 Wie verteilen sich am Ende des Aufzugs Sieg und Niederlage auf die gegnerischen Seiten?
16 Mit welchen Erwartungen sieht der Zuschauer dem nächsten Akt entgegen?

II. Aufzug

In ihren letzten Worten im I. Akt [Z. 972–974] behauptet Maria, bei Elisabeth gebe es einen Widerspruch zwischen Sein und Schein, genauer: zwischen bösem Sein und gutem Schein. Trifft diese Behauptung zu? Wie steht es überhaupt am Hof um das Verhältnis zwischen Sein und Schein? Was ergibt sich zur Beantwortung dieser Fragen:

1 Aus den Reden Elisabeths und der französischen Gedandten im Auftritt 2?
2 Aus Elisabeths Selbstdarstellung und ihrem Verhalten im gesamten Aufzug?
3 Aus Mortimers Worten in Auftritt 4 und 8?
4 Aus Leicesters Worten über Maria und Elisabeth im 8. Auftritt und aus seinem Verhalten im 9.?
5 Aus dem 1. Auftritt?
6 Warum fiel der 1. Auftritt in Bf. weg?
7 Wo und warum läßt der Dichter im 6. Auftritt Mortimer in Reimen sprechen?
8 Wie steht Paulet, verglichen mit seiner Einstellung im I. Akt, jetzt zu Maria und Elisabeth? Welches Gewicht hat sein Urteil für den Zuschauer?

9 Wie kommt es, daß Elisabeth dem Rat Leicesters folgen und zu
Maria gehen will?

10 Wie paßt Elisabeths Entschluß zu den Anschauungen Burleighs
und Talbots?

III. Aufzug

Auffallend sind die wechselnden Affekte, Stimmungen, Gefühle,
die Schiller an den Figuren gestaltet und im Zuschauer hervorruft.

AUFTRITT 1:

1 Welche Stimmung herrscht?
2 Was ist ihre Ursache?
3 Mit welchen formalen Mitteln drückt Schiller die Stimmung
aus?
4 Lesen Sie mit sorgfältiger Betonung Z. 2075–2082!
5 Welche Motive geben der Stimmung Ausdruck?
6 Teilt der Zuschauer Marias Stimmung völlig?

AUFTRITT 2:

7 Maria erfährt, daß sie sogleich mit Elisabeth zusammentreffen
wird. Wie sollte sie darauf reagieren, wie reagiert sie tatsächlich, und welche Gefühle weckt ihre Reaktion im Zuschauer?
8 Paulet spricht zu Maria am Ende des Auftritts anders als am
Anfang. Wie ist das psychologisch oder vom Aufbau her zu
erklären? (Beachten Sie den Anfang des folgenden Auftritts!)

AUFTRITT 3:

9 Welche Funktion hat der 3. Auftritt?

AUFTRITT 4:

Zum Ausgang der Begegnung vergleiche besonders Z. 2442f.,

Regienanweisung Z. 2444, ferner Z. 2454, 2459, 2465, 2469f, endlich Z. 2472 und 2531!

10 Wie beurteilen Sie den Ausgang der Begegnung?

11 Was sind die Ursachen für den Ausgang der Begegnung?

12 Wie verhält sich das Ergebnis der Begegnung zu dem, was (1) Elisabeth, (2) Maria, (3) Shrewsbury und (4) Leicester davon erhofften?

AUFTRITT 6:

13 Wie bewertet Mortimer den Ausgang der Begegnung?

14 Warum ist Auftritt 6 gegen Ende zunehmend in Reimen geschrieben?

15 Schiller erklärte, Maria löse nur heftige Leidenschaften aus. Ist der Auftritt mit Mortimer eine Bestätigung dafür? Das heißt: Könnte Maria wirklich keine zartere, geistigere Neigung wecken? Hat Mortimer recht mit dem, was er in Z. 2567–2574 über Marias verlorene Majestät sagt?

AUFTRITT 7, 8:

16 Wie soll der Zuschauer auf die beiden letzten Auftritte reagieren?

IV. Aufzug

AUFTRITT 2:

1 Welche Figur hat szenisch und moralisch das Übergewicht?

AUFTRITT 3:

2 Wie beeinflußt der Auftritt unsere Parteinahme zwischen Maria und Elisabeth?

3 Wie reden Burleigh und Leicester miteinander?

AUFTRITT 4:

4 Worum geht es für Leicester und Mortimer, und wie ist ihr
Verhalten zu beurteilen?

AUFTRITT 5, 6:

5 Wie spricht Elisabeth?
6 Was geht in ihr vor?
7 Wie spricht Leicester?
8 Wie nehmen wir in Leicesters Kampf Partei?
9 Wie reden Burleigh und Leicester miteinander?

AUFTRITT 8:

10 Inwiefern berühren sich Elisabeths Worte in Z. 3071–3076
ihrem tieferen Sinne nach mit Talbots Worten in Z. 1326–1329?

AUFTRITT 9, 10:

11 Welche Argumente tragen Shrewsbury (vgl. Z. 1330–1341) und
Burleigh (vgl. Z. 1550–1557) vor?
12 Wie verhalten sich dazu die Motive, von denen Elisabeth im
9. Auftritt spricht und die sie im 10. Auftritt zur Unterschrift
bewegen?
13 Was läßt sich für und gegen das Weglassen von Burleighs Rede
Ende des 9. Auftritts in Bf. sagen?

AUFTRITT 11, 12:

14 Was bedeutet Davisons Bericht (Z. 3249–3260) im Hinblick
auf das, was Talbot Z. 1330–1341 sagte, und auf das, was nun
geschieht?
15 Fassen Sie den Vorgang jeder Szene oder Szenengruppe in
einem kurzen Satz zusammen!
16 Wie nehmen wir im Laufe des Aufzugs Partei für und gegen
Mortimer, Leicester, Elisabeth und Davison?
17 Wie werden davon unsere Einstellung zu Maria und unsere
Erwartungen für sie beeinflußt?

V. Aufzug

AUFTRITT 1, 6:

1 Ist die Maria, von welcher die Kennedy im Auftritt 1 berichtet
und die im Auftritt 6 erscheint, dieselbe wie im III. Aufzug?
Worin hat sie sich verändert?

AUFTRITT 3, 4:

2 Was spricht für, und was spricht gegen die Streichung von
3 und 4 in Bf.?

AUFTRITT 5:

3 Welche Funktion hat Auftritt 5?

AUFTRITT 6–9:

4 Wie wird das Motiv des Katholizismus gestaltet, und was ist
seine dramatische Funktion?
5 Wieso findet Maria, daß ihre Liebe zu Leicester eine schlimmere
Sünde ist als ihr Haß gegen Elisabeth (Z. 3676–3691)?
6 Welche neuen Schwierigkeiten muß Maria überwinden? Tut
sie das mit gelassener Überlegenheit, aus der Fülle innerer
Kraft, also ohne gewaltsame Anstrengung – oder muß sie die
dazu nötigen Kräfte erst zusammenraffen? Welcher Art sind
diese Kräfte?

AUFTRITT 10:

7 Welche Funktion erfüllt 10 im Hinblick auf Maria, Leicester
und den Zuschauer?

AUFTRITT 12:

8 Warum läßt Elisabeth ihren Schreiber Davison rufen?

ZUM GANZEN AUFZUG:

9 Manche Regisseure vertauschen die Maria- und die Elisabeth-
   Auftritte miteinander oder lassen sie abwechselnd nebenein-
   ander spielen, warum wohl?
10 Welche Veränderungen mußten dabei vorgenommen werden?
11 Billigen Sie jene Entscheidungen?
12 Wie lautet das Schlußurteil des Dramas über den Kampf
   zwischen Maria und Elisabeth?

FRAGEN ZUM GANZEN

1 Welche Rolle spielt der Brief, den Maria an Elisabeth schreibt?
2 Was bedeutet I.3, wenn man zurück- und vorausblickt auf das
   Schicksal und Verhalten von Maria und Paulet?
3 Maria nimmt ihre Hinrichtung als Sühne für den Mord an
   ihrem Gatten an. Von solcher Sühne spricht sie schon 1,4.
   Warum wehrt sie sich trotzdem so lange gegen ihre Hinrichtung?
4 In welcher Weise und in welcher Absicht verarbeitet Schiller
   den historischen Stoff, soweit Sie diesen aus der historischen
   Einleitung und den Anmerkungen kennen?
5 Schiller hat in der Bf. die kultischen Elemente des Auftritts
   V,8 zurückgedrängt. Was tritt an ihre Stelle? Wie ist die Lösung
   zu beurteilen?
6 Wie beurteilen Sie die übrigen Änderungen in Bf.?
7 Charakterisieren Sie die Figuren! Erfahren wir „alles" über
   sie?
8 Charakterisieren Sie die Nebenfiguren durch ihr jeweiliges
   Verhältnis zu den beiden Königinnen!
9 Charakterisieren Sie die Figuren:
   a. durch ihre erklärte und gelebte Auffassung von Freiheit!
   b. durch ihren Grad von Selbstbezogenheit bzw. Selbstlosig-
       keit!
   c. durch das Verhältnis, in dem bei ihnen Sein und Schein
       zueinander stehen, überhaupt die Taktik ihres Verhaltens!
10 In welchem inneren Zustand sollen wir uns vermutlich nach
   dem Lesen oder Ansehen der Tragödie befinden?

EINE KLASSISCHE TRAGÖDIE wie *Maria Stuart* erscheint uns zunächst fremdartig. Das Stück spielt in einer Sphäre, die uns fremd ist; fremd sind uns die Probleme dieser Menschen; und fremd ist uns vor allem ihre Sprache. Fremd war das alles auch dem Publikum der Zeit um 1800.

Schiller hat durchaus nicht immer so geschrieben. Seine ersten Werke behandelten zeitgenössische Probleme, und ihre Sprache war die der damaligen Zeit. Sie waren leicht verständlich, und sie sind es noch.

Klassische Dichtung aber ist mehr vergeistigt und kunstvoller. Sie ist daher gewöhnlich schwerer zu verstehen. Aber auch als Klassiker wollte Schiller allgemeinverständlich und zeitnahe dichten; denn klassische Kunst will allgemein, für alle Zeiten gültig sein, und zwar gehaltlich wie formal, philosophisch wie ästhetisch.

Die klassische Tragödie hatte ihre erste Blütezeit im Griechenland des fünften Jahrhunderts vor Christus (Aischylos, Sophokles, Euripides). Ihre zweite große Zeit war im siebzehnten Jahrhundert, am Hofe Ludwigs XIV. von Frankreich (Racine und Corneille). Wenig später schrieben in Deutschland Gryphius und Lohenstein klassizistische Barock-Tragödien. Erst Goethe (*Iphigenie* 1787, *Tasso* 1790) und Schiller (*Wallenstein* 1799) schufen die deutsche klassische Tragödie. Dabei folgten sie den griechischen und französischen Mustern, zu denen sie jetzt ihr großes Vorbild aus der Sturm- und – Drang–Zeit stellten: Shakespeare.

In Frankreich hatte die klassische Tragödie das zeremonielle Hofleben des Adels ziemlich wirklichkeitsgetreu gespiegelt und verherrlicht. Goethe und Schiller dagegen dichteten weder für den Hof noch für das Bürgertum, sondern für die ganze Menschheit. Sie wollten zeigen, was der Mensch ist und sein kann – zu allen Zeiten, in allen Nationen und Ständen. Dies war immer die Aufgabe der klassischen Tragödie gewesen, und dies hatte sie auch in ihren hervorragenden Exemplaren geleistet, wenn man sie als Kunstwerk nahm, unabhängig von ihrer gesellschaftlichen oder (wie in Griechenland) von ihrer kultischen Funktion. Sie wirkte durch symbolische Verallgemeinerung, indem sie Ereignisse von überragender Bedeutung gestaltete: aus dem Mythos oder aus der Geschichte. Könige und Fürsten waren ihre Helden. Ihre Vorgänge und Menschen hatten also mit der Lebenswelt des achtzehnten Jahrhunderts nichts zu tun, wenigstens nicht unmittelbar. Wohl aber mittelbar, symbolisch: als Gestaltung dessen, was der Mensch überhaupt ist und sein kann.

Die klassischen Dramen von Goethe und Schiller sind sehr verschieden. Goethes Temperament verlangte nach Harmonie, Versöhnung. Seine Dramen sind handlungsarm, introvertiert, intim. Schiller dagegen will die große Bühne, das mächtige, öffentliche Wort, die großartige Gebärde, die bewegte Handlung. Er liebt auch die Dialektik, das Auseinandertreiben und Zusammenführen der Gegensätze. Er denkt dualistisch. Geist und Natur: so lautet die Antithese. Die Natur hält er sehr hoch, wie alle Dichter der Goethezeit, aber letzten Endes tut er das, damit ihre Besiegung durch den Geist um so schwerer, erschütternder und bewundernswerter sei. Immer ist der Pol der Natur so stark wie möglich, um zuletzt doch noch durch den Pol des Geistes besiegt zu werden. Ein solches dynamisch- dialektisches Gleichgewicht der Pole ist Schillers Klassizität. Es wird uns immer wieder begegnen.

Die Sprache

Die französische und auch die barocke deutsche Tragödie gab ihrer Sprache eine hochvergeistigte Versform: den Alexandriner. Er hat sechs regelmäßig wechselnde Hebungen und Senkungen, in der Mitte eine Zäsur [Pause] und ist paarweise gereimt.

Wer sích| für ál|le wágt,||wird aúch| nicht éi|nen fín|den,
Auf dés|sen réch|te Tréu||er könn'| in Schiff|bruch grün|den.
[Andreas Gryphius, *Papinian*, 1659]
In seinen klassischen Tragödien benutzte Schiller wie Lessing und Goethe den Blankvers Shakespeares. Gegenüber dem Alexandriner

gewährt diese Versform der Sprache mehr Freiheit. Pausen und Satzschlüsse brauchen nicht am Versende zu sein; die Wortwahl ist nicht durch den Reim beengt. Der Rhythmus ist dem der Prosa nahe, was ungezwungen und natürlich wirkt. So ungezwungen und natürlich wie Prosa freilich nicht. Das entdeckte Schiller, als er seine klassischen Dramen aus einer ersten Prosafassung in Verse übertrug. Am 24. November 1797 schrieb er an Goethe:

„Ich habe noch nie mich so augenscheinlich überzeugt, . . . wie genau in der Poesie Stoff und Form, selbst äußere, zusammenhängen. Seitdem ich meine prosaische Sprache in eine poetisch – rhythmische verwandle, befinde ich mich unter einer ganz andern Gerichtsbarkeit als vorher; selbst viele Motive, die in der prosaischen Ausführung recht gut am Platze zu stehen schienen, kann ich jetzt nicht mehr brauchen." Der Rhythmus bildet „die Atmosphäre für die poetische Schöpfung, das Gröbere bleibt zurück, nur das Geistige kann von diesem dünnen Elemente getragen werden."

Der Vers ist in der Sprache der Sieg der Form über den Stoff, des Geistes über die Natur. Der Vers vergeistigt, er schließt alles Niedere, Triviale aus. Seine „Unnatur" spiegelt nicht die gewöhnliche Wirklichkeit, sie ist vielmehr Poesie. D.h. der Vers symbolisiert etwas Allgemeines, das durch die sinnenhafte Erscheinung hindurchschimmert; und als kunstvolle Verschönerung bereitet er geistigsinnlichen Genuß.

Werden wir über die bloße Sinnenwelt der Natur erhoben, so werden wir ästhetisch frei. Dazu ist es nötig, daß die Sprache ihren Kunstcharakter immer wieder deutlich macht. Wenn das Versmaß eines Kunstwerks immer gleich bleibt, kann man sich leicht daran gewöhnen und seine „Unnatur" vergessen. Darum benutzt Schiller neben dem Blankvers andere Versmaße und den Reim. Eine ähnliche Wirkung hat die Wortwahl. Sie ist nicht nur vergeistigt, gehoben, sondern bei aller Nähe zur Geschichte zuweilen auch un- und überhistorisch. Schiller läßt z.B. seine katholische Maria wie eine antike Tragödienfigur sprechen, wir hören von Furien, rächenden Göttern, einem unausweichlichen Fatum. [Vgl. 2186 f; 2318; 2262 f.] So unterstreicht der Dichter den symbolischen, d.h. den Kunstcharakter des Werkes.

Ostentativ kunstvoll sind ferner die z.T. in der *Anmerkung zum Text* genannten Abweichungen von der Alltagssprache: Inversionen, altertümliche Ausdrücke, ungewöhnliche Zusammensetzungen, das Weglassen des Hilfszeitworts usw. Poetisch sind natürlich auch die Bilder und Metaphern; sie sind bei Schiller aber weder originell noch kompliziert, sondern so unmittelbar verständlich, wie es für die Bühne nötig ist. So bleibt die Sprache auch in poetischer Verklärung immer Stoff und Werkzeug des Geistes. Als Stoff und Werkzeug benutzen auch die Figuren die Sprache. Es ist die konventionelle Sprache der höfischen Gesellschaft; ein Instrument, das völlig sicher funktioniert und jederman zur Verfügung steht. Hier aber beginnt erst ihre dramatische Funktion. Eben weil die Beziehung zwischen Wort und Sinn so klar geregelt, so geläufig ist, hat diese Sprache geringen individuellen Ausdruckswert. Soll man dem Sprecher glauben oder nicht? Diese Sprache eignet sich nur zu gut dazu, die wahre Meinung zu verbergen und eine falsche vorzutäuschen. Sie ist das hervorragende Kampfmittel politischer Intrigen und dramatischer Dialoge. Wir, die Zuschauer, werden in das Spiel hineingezogen. Auch für uns ist es schwer, den falschen Schein von dem wahren Sein zu unterscheiden; erst im Verlaufe des Geschehens bekommen wir mehr Überblick. Die Sprache ist hier ein Medium, ohne das wir die Wahrheit nicht erkennen können; zugleich aber macht uns dieses Medium die Erkenntnis schwer. Schritt für Schritt, von Irrtum zu Irrtum, muß man sich vortasten, bis man am Ende einsieht, welches Urteil über die Figuren und über die umkämpfte Sache fällt.

Der Bau der Handlung

Handlung ist zunächst die Fabel [plot]. Sie zu erfinden, ist die grundlegende Form-Leistung des Dichters; denn sie muß so beschaffen sein, daß sich an ihr alle ästhetischen Forderungen der klassischen Tragödie erfüllen lassen. Als Schiller die Geschichte der Maria Stuart kennenlernte, sah er bald, daß der Stoff sich zur dramatischtragischen Behandlung eignete. Dramatisch, das heißt in der Tragödie nicht: eine stürmisch bewegte Handlung, sondern vielmehr eine, in der es um das Leiden geht, und um das Handeln nur, sofern es dem Leiden entspringt und Leiden hervorruft. Es geht darum, wie der Held auf den Druck der Ereignisse reagiert, wie er leidet, sich zur Wehr setzt, untergeht und bei alledem *die mächtigsten Kräfte der Menschheit* entwickelt.[1]

Auf diesen geistig-seelischen Vorgang konzentriert der Tragödiendichter seinen Stoff. Die klassische Lehre von den drei Einheiten (Aristoteles) sollte dabei helfen: der Ort darf nicht wechseln, die Zeit nicht 24 Stunden überschreiten, die Handlung nicht abschweifen. Die Franzosen hielten sich streng an diese Vorschriften. Schiller lockerte die Einheiten von Ort und Zeit dagegen auf.

Der Mittelakt III führt beide Gegenspielerinnen im Park zusammen. Akt II, IV und die zweite Hälfte von Akt V spielen in Elisabeths Palast, die erste Hälfte von Act V sowie Akt I in Marias Gefängnis. Der Zuschauer freilich wird die sinnvolle und schöne Symmetrie ebensowenig bemerken wie die Überschreitung der 24 Stunden–Grenze. Akt I: erster Tag; Akt II, III, IV: zweiter Tag; Act V: Morgen des dritten Tages. Es verstreichen zweieinhalb Tage. Und doch folgen die Ereignisse Schlag auf Schlag, fast ohne Ruhepause. Schiller ballt die Handlung zu einer einzigen Reihe von Höhepunkten oder zu einem einzigen gestuften Höhepunkt zusammen, zum tragischen *Zustand*.[2] Dieser umfaßt nur Marias letzte Stunden. Vorgeschichte und Prozess fehlen. Andererseits werden Vorgänge aufgenommen, die geschichtlich früher stattgefunden haben: Frankreichs Werben um Elisabeth und Eintreten für Maria, die Ausweisung des französischen Gesandten; das Attentat auf Elisabeth. Hinzu kommen erfundene Ereignisse: Mortimers und Leicesters Einsatz für Maria; Marias Begegnung mit Elisabeth; der Widerruf der Schreiber Kurl und Nau; die Rolle Talbots. All das hilft, den tragischen Zustand zu verdichten und gleichzeitig mit klärenden Akzenten zu versehen.

Überall sehen wir Schillers *poetischen Kampf mit dem histo-*

---

[1] Aufzeichnung zu *Demetrius,* Schillers unvollendeter letzter Tragödie. – **Menschheit** „Menschliche Natur". [2] 26. April 1799 an Goethe.

rischen Stoff; sein Bemühen, *der Phantasie eine Freiheit über die Geschichte zu verschaffen.*[3] Nicht die Kunst dient der Geschichte, sondern umgekehrt. Es geht nicht um geschichtliche, sondern um poetische Wahrheit. Umstände, die für das Verständnis des tragischen Zustands unerläßlich sind, mußten in der Exposition [Akt I] dargeboten werden. Hier galt es, *einen festen Grund für das Künftige zu legen,*[4] nämlich für die traditionellen Stufen der klassischen Tragödie: die steigernde Entwicklung im II. Akt, den Wendepunkt [Peripetie] im III., die retardierende Handlung im IV. und die Katastrophe im V. Akt. Es gehört zu den Meisterleistungen der dramatischen Weltliteratur, wie Schillers Exposition nicht bloß Information bringt, sondern diese zugleich in Handlung umsetzt, des Sprechen zum Handeln macht.

Die Verlagerung des Handelns in die Sprache ist eine grundsätzliche Forderung der klassischen Tragödie. Die faktische Handlung findet hinter der Bühne statt. Zwar läßt Schiller Mortimer auf der Bühne sterben und die Begegnung der zwei Königinnen sehr drastisch verlaufen, aber sogar hier vollzieht sich die Handlung ausschließlich in Wort und Geste. Das trägt mit zur Vergeistigung des Werkes bei. Außerdem gehört es zu dem höfischen Stil, den der Stoff verlangte.

Noch wichtiger ist, daß das Sprechen als Handeln zum dramatischen Spiel mit Sein und Schein beiträgt. Wir und die Personen des Stückes haben es schwer, die künftigen Ereignisse richtig vorauszusehen. Umso schwerer wird der Druck, unter dem die Figuren stehen und von dem sie sich befreien wollen. Aber indem sie dies versuchen, rufen sie das Übel gerade herbei. Der Zuschauer macht diese Irrtümer teilweise mit, teilweise durchschaut er sie. Auf jeden Fall gerät er mit in Erregung; er empfindet, wie Aristoteles verlangte, Mit-Leiden, Furcht und Hoffnung. Die antike Erfahrung bestätigt sich: bei all seiner Größe ist der Mensch doch klein, wenn er mit dem Schicksal zu tun hat. Den Zuschauer zu derartigen Einsichten zu bringen, und zwar mit Hilfe ganz elementarer Gefühlserregungen, ist eine Hauptfunktion der Handlung.

Das genaue Verständnis der Handlung wird ferner dadurch er-

---

[3] 19. Juli 1799 an Goethe.   [4] 14. Juni 1799 an Goethe.

schwert, daß Schiller manchmal einzelne Aufzüge und Auftritte so aufbaut, als ob sie selber kleine Dramen wären. Dadurch geraten die Parteien und die Figuren in wechselnde Beleuchtung; die Vorgänge und Menschen erscheinen dann zuweilen so vielschichtig und unergründlich wie im wirklichen Leben. Schiller wollte das. Er wollte es dem Zuschauer sogar erschweren, den roten Faden zu verfolgen, der natürlich doch da ist. Denn wenn Schiller auch wegen der Kontrastwirkung überraschende Wendungen einbaut, so fügen sich diese Wendungen doch als Bausteine in einen Plan, in dem jede Handlungsphase und jede Regung der Figuren ganz genau berechnet sind.

Die Figuren

Es gibt noch einen weiteren Grund, weshalb wir die Personen nicht gleich richtig erkennen. Es ist der Umstand, daß die Figuren einander nicht erkennen, sei es, weil die eine sich verstellt, sei es, weil die andere voreingenommen ist. Auch das ist so im wirklichen Leben. Je mehr wir aber die Charaktere erkennen, um so klarer wird uns, daß sie nicht wie wirkliche Individuen gestaltet sind, nicht wie ganze, runde Menschen. Die *tragischen Personen* sind *keine eigentlichen Individuen,* sagt Schiller, *sondern ideale Personen und Repräsentanten ihrer Gattung, die das Tiefe der Menschheit aussprechen.* Das heißt, sie verkörpern eine typische menschliche Möglichkeit, und das braucht keine „gute" zu sein; denn *ideal* heißt hier nicht „gut", sondern „gesetzhaft". Solche typischen Charaktere *exponieren sich geschwinder, und ihre Züge sind permanenter und fester.*[5] Sie sind Material, über das der Dichter souverän verfügt; sie sind Bausteine, die er nach seinem Belieben so herstellen kann, daß sie genau in den Bau des Ganzen passen und ihren dort vorgesehenen Platz genau ausfüllen. Auch wenn wir sie wie lebendige Individuen erleben, müssen wir zugeben, daß wir sie fast nur von einer Seite sehen, daß viel von ihrem Charakter unsichtbar bleibt. Man spricht von Schillers additiver Eigenschaftspsychologie. Das heißt, Schiller bestimmt, was die Figur im Werk darstellen soll, und

---

[5] Vorrede zur *Braut von Messina.* 4. April 1797 an Goethe.

weist ihr die entsprechenden Eigenschaften zu. *Der Held einer Tragödie, schrieb er, braucht nur so viel moralischen Gehalt, als nötig ist, um Furcht und Mitleid zu erregen.*[6] Mit anderen Worten, es kommt nicht darauf an, ob wir den Helden mögen und seine Handlungsweise gutheißen; unabhängig vom Sittengesetz sollen wir urteilen, wenn es um Kunst geht. Dies ist um so leichter möglich, wenn der Held nicht zu anziehend und nicht zu abstoßend ist – oder nur abstoßend genug, um uns vor einer Neigung zu ihm zu bewahren; und zugleich anziehend genug, um unsere Teilnahme zu wecken. Kurz, die Helden sollen *gemischte Charaktere*[7] sein, zwischen dem Vollkommenen und dem Verwerflichen. Damit ist der Held allerdings erst negativ bestimmt. Was also macht ihn positiv zum Helden? Die Kraft des Willens.

Wir wollen sehen, schreibt Schiller, *daß keine Empfindung, wie mächtig und wie lobenswert sie auch sei, die Freiheit des Gemüts zu unterdrücken vermöge. Diese Möglichkeit liegt aber in jeder starken Äußerung von Freiheit und Willenskraft.* An sich ist es für den Dichter gleichgültig, *aus welcher Klasse von Charakteren, der schlimmen oder guten, er seine Helden nehmen will, da das nämliche Maß von Kraft, welches zum Guten nötig ist, sehr oft zur Konsequenz* [Folgerichtigkeit des Verhaltens] *im Bösen erfordert werden kann.*[8]

Wir wollen Freiheit sehen, aber sie soll schwer erkämpft sein. Der Held soll schwerste Anfechtungen erleiden und sie trotzdem besiegen: der Gute die Versuchung zum Bösen, und sogar der Böse die Versuchung zum Guten. Die ganz Guten und ganz Bösen aber sind *gleich untauglich für die Tragödie*,[9] denn sie erleiden überhaupt keine inneren Anfechtungen.

Über seine Heldin Maria Stuart schrieb Schiller während der Arbeit am I. Akt:

„Meine Maria wird keine weiche Stimmung erregen, es ist meine Absicht nicht, ich will sie immer als ein physisches Wesen halten, und das Pathetische muß mehr eine allgemeine tiefe Rührung, als ein persönliches und individuelles Mitgefühl

---

[6] 13. Juli 1800 an Körner.   [7] *Über die tragische Kunst.*
[8] *Über das Pathetische.*   [9] *Über die tragische Kunst.*

sein. Sie empfindet und erregt keine Zärtlichkeit, ihr Schicksal ist, nur heftige Passionen zu erfahren und zu entzünden. Bloß die Amme fühlt Zärtlichkeit für sie." [10]

Gewiß, Marias Verhängnis ergibt sich daraus, daß nicht nur der Katholizismus sie als Instrument benutzt, sondern auch ihre Schönheit die Männer zu gefährlichen Wagestücken entflammt. Aber daß sie bei uns keine Sympathie (Zuneigung) findet, ist einfach nicht wahr. Diesen Vorsatz hat Schiller nicht verwirklicht. Vielmehr erweckt Maria im Kontrast zu Elisabeths Herzensrohheit, zu Mortimers Sinnlichkeit und Leicesters Opportunismus unser ganz persönliches Mitgefühl. Damit beeinträchtigt sie unser ästhetisch freies Urteil. Das ist vielleicht der Grund, weshalb ihr Ende nicht den Schluß des Werkes bildet. Die letzten Szenen dämpfen unsere Rührung. Elisabeth fesselt uns nicht weiter oder doch auf andere Weise. Wir schwanken zwischen Abscheu, Verachtung und Bedauern. Wir verlassen das Theater zwar erschüttert und gerührt, nun aber doch mehr *allgemein* erschüttert und gerührt. Unsere Vernunft ist frei.

Dazu trägt außerdem der Umstand bei, daß Marias Tod einen Akt höherer Gerechtigkeit darstellt. Bei Schiller stirbt sie unschuldig. An der Verschwörung gegen Elisabeth ist sie nicht beteiligt. Andererseits aber ist sie schuld am Tode ihres Mannes. Darum ist ihr Ende nicht ganz ungerecht. Gemessen an ihrem Leiden und an ihrer Reue, erscheint es freilich als eine zu harte Strafe; oder: ihre Schuld erscheint nicht mehr so verbrecherisch. So herrscht zwischen ihrem Tod und ihren Taten ein Mißverhältnis, das uns mit tragischem Schmerz erfüllt, und zugleich eine allerdings strenge Gerechtigkeit, die uns wiederum versöhnt. So hat Schiller das zwiespältige Gleichgewicht unserer tragischen Empfindungen gerettet, wenn auch nicht ganz mit den Mitteln, von denen er sprach.

Sicher auch bleibt Maria nicht stets *ein physisches Wesen.* Trotzdem hat ihr Wille lange Zeit zwischen Regungen zu entscheiden, die nach den Vorstellungen Kants und Schillers zu der „physischen" Sphäre gehören, also zur Natur. Im I. Akt kämpft sie um Krone und Leben. Ihre Feinde suchen ihren Kampfeswillen vergeblich zu

---

[10] 18. Juni an Goethe.

brechen, wie wir an ihrem Triumph über Burleigh sehen. Da triumphiert in Maria der Wille zum Leben und zur Macht. Der Macht– und Lebenstrieb aber gehört nach Kantischer Vorstellung zum „physischen" Bereich. Im III. Akt triumphiert Maria über Elisabeth. Hier geht es nicht mehr um Macht und Leben, sondern um Macht *oder* Leben. Zunächst ist Maria bereit, auf die Krone zu verzichten und das bloße Dasein zu erkaufen. Im Verlauf des Streites aber läßt sie jede Vorsicht fallen und nimmt Rache für die Beleidigungen, die sie als Königin und Frau erlitt. Das ist erhaben, würdig. Die rechte Rangordnung der Werte stellt sich wieder her: *Das Leben ist der Güter höchstes nicht.*[11] Zugleich aber zeigt Maria große Lust am Wehetun: etwas Triebhaftes, „Physisches". Ihr Handeln erscheint uns gewiß nur zu verständlich und berechtigt; wir denken nicht daran, sie zu verurteilen. Später aber tut sie das selbst: Sie bittet um Verzeihung und verzeiht auch ihrerseits [Z. 3782–85]. *Der Siege göttlichster ist das Vergeben.* So betritt sie die Ebene des „Geistes" und überwindet alles „Physische", das Irdische. Diese letzte, höchste Phase ihres Weges betrachten wir genauer.

Im V. Akt nimmt Maria ihren unverdienten Tod als Ausgleich für den Mord an ihrem Gatten an. Schon im I. Aufzug war sie grundsätzlich dazu bereit; so lag diese Entscheidung immer im Bereich ihrer Möglichkeiten. Warum kämpft sie dann trotzdem um ihr Leben? Nun, weil sie beleidigendes Unrecht erlitten hat und weil sie ein lebensvoller Mensch ist. Schiller wollte keine „Berufshelden" schaffen, die ihr Leben bei der ersten Gelegenheit um höherer Werte willen entschlossen wegwerfen. Diesem Heldentyp kam die geschichtliche Maria am Ende ziemlich nahe. Neunzehn Jahre lang ertrug sie die Gefangenschaft mit ungebrochenem Stolz und starb, nachdem sie kurz vorher noch ein Gebet gedichtet hatte, ohne die leiseste Anwandlung von Schwäche. Bei Schiller stirbt sie nicht so überlegen. Bei ihm ist sie eine zarte, weiche Frau, die sich erst zu heroischem Kampf aufraffen muß, um das Irdische zu überwinden, an dem ihr Herz mit allen Fasern hängt. Wir ermessen ihre Leistung nicht nur an der endlich erreichten Höhe der Vollendung, sondern auch am Gewicht der „physischen" oder menschlich-

---

[11] *Die Braut von Messina.*

SCHILLER

natürlichen Bindungen, die sie zu besiegen hat. Auch in dieser Hinsicht ist *Maria Stuart* eine Dichtung der Humanität, der Menschlichkeit. Vor allem aber ist sie es, weil sie die höchsten Möglichkeiten menschlicher Vollendung anschaulich machen will. Und hier zeigt sich nun eine weitere Dialektik.

Je gewaltiger die Willensanstrengung ist, je deutlicher spüren wir das Gewicht des Irdischen und um so deutlicher treten damit auch die Grenzen der „Menschheit" hervor. Die höchste Stufe menschlicher Vollendung müßte demnach das spielend leichte Wegwerfen des Lebens sein, der mühelose Sieg, die schöne Einheit des Menschen mit sich selbst. Hier aber könnte man wiederum zweifeln, ob das „Leben" überhaupt etwas gegolten hätte. Denn nur dann ist dessen Besiegung eine Leistung. Beide Möglichkeiten, der erhabene und der schöne Sieg, schließen einander aus. Gerade darum hat Schiller versucht, sie dialektisch zu vereinigen. So zeigt er an Maria den erhabenen Sieg des Willens *und* die schöne Einheit des Menschen mit sich selbst: Zuerst im Physischen (Akt I und III), dann im Geist (Akt V), und zwar beides in mehrfachem Wechsel.

> Man löst sich nicht allmählich von dem Leben!
> Mit einem Mal, schnell, augenblicklich muß
> Der Tausch geschehen zwischen Zeitlichem
> Und Ewigem . . .   2402–2405

So Hanna Kennedy über Marias Willensentscheidung vor dem V. Akt. Sie will und wird durch den Tod ihr Leben adeln, wie es *einer freien großen Königin* ziemt [Z. 3494, 3487].

> Die Krone fühl ich wieder auf dem Haupt,
> Den würdgen Stolz in meiner edlen Seele!   3493f.

Indem sie diese neue innere Einheit mit sich selbst herstellt, bereitet sie sich zugleich vor auf einen neuen Anlauf zum Erhabenen.

In der Abendmahlsszene ist die Harmonie nahezu vollkommen, doch wird sie noch einmal angefochten. Maria täuscht sich, wenn sie versichert [Z. 3761 f.]:

> Ich fürchte keinen Rückfall. Meinen Haß
> Und meine Liebe hab ich Gott geopfert.

Sie täuscht sich, wenn sie erklärt [Z. 3815 f]:

> Nun hab ich nichts mehr / Auf dieser Welt.

Sie täuscht sich, wenn sie zur Bekräftigung ihres Entschlusses das

Kruzifix küßt. Denn als sie jetzt Leicesters Blick begegnet, kann sie sich nicht aufrechthalten. Das ist ein Rückfall, ist Anfechtung durch die *Liebe*. Der „physische" Teil ihres Wesens ist immer noch mächtig. Doch der Geist behält die Oberhand. Sie sieht Leicester *eine Zeitlang ernst und schweigend an*. Sie spricht erhaben- gefaßt, ja, geradezu gelassen. Andererseits muß sie zugeben, daß sie noch nicht ganz vollendet hat, daß sie noch auf dem Wege dorthin ist [Z. 3827]. Eben damit aber überwindet sie ihre Liebe ganz. Darum darf sie bekräftigen – aber sie muß es auch [Z. 3838]:

Jetzt hab ich nichts mehr auf der Erden!

Freilich, darin liegt doch noch Trauer um die verlorene Erde. Maria ist am Ende ihres Weges noch immer unterwegs. Noch immer wendet sie Willenskraft an, doch in überlegener, gelassener Ruhe. Sie gewinnt die idealistisch-ethische Vollendung, die Schiller göttlich nennt: Die Einheit des Erhabenen und des Schönen. Soviel wir sehen, gelangt sie dorthin aus eigener Kraft. Schiller läßt sie nicht wie in der Geschichte auch als Märtyrerin sterben, sondern einzig *als eine Königin und Heldin* [Z. 3380].

Die übrigen Figuren haben keine so schwere Probe wie Maria zu bestehen. Mit Ausnahme Talbots behauptet sich ihr Wille nur innerhalb des „Physischen", während ihr Geist vor den Ansprüchen einer höheren Sittlichkeit versagt.

Mortimer stirbt edel, nämlich opferbereit, stolz und furchtlos – gleichzeitig aber verworren, erfüllt von Haß, Schwärmerei und Leidenschaft. Er bleibt ein Sklave seiner Triebe. Sein Tod ist nur eine eindrucksvolle „physische" Leistung. Für Marias Sterben reicht er nicht als *Beispiel* aus [Z. 2818].

Wie alle Menschen der höfischen Sphäre versteht Mortimer sich auf die Kunst, sich zu verstellen. Maria und Talbot sind hier am wenigsten geschickt, Elizabeth und Leicester am gewandtesten. Diesen beiden sind Macht und Glanz der Krone wichtiger als alles übrige. Sie haben zwar Empfinden für Liebe und Moralität; doch man muß sich fragen, ob sie mehr als die „physische" Seite daran spüren. Wenn sie einmal Gewissensbisse haben, reagieren sie darauf durchaus „physisch", nämlich leidend und dagegen kämpfend, aber nicht moralisch-sittlich. Wir trauen ihnen schwerlich zu, daß sie unter Umständen den Tod bewußt als Sühne für ihre Untaten annehmen könnten. Wozu sie bestenfalls imstande wären, zeigt ihr Verhalten am Schluß. Leicester fällt in Ohnmacht und macht sich dann aus dem Staube. Elisabeth flieht vor jeder Verantwortung und zwingt sich zu einer Fassung, die nichts ist als Unterdrückung der wahren Empfindung, als letztlich nur verhüllte Niederlage, nur Heuchelei und Schein. Dem entspricht die Bestrafung, die beiden zuteil wird: nicht ruhmreicher Untergang, sondern das graue Elend völliger Nichtigkeit bzw. Einsamkeit. Es ist aufschlußreich, wie Schiller hier von der Geschichte abweicht. Mit seiner *königlichen Heuchlerin*[12] folgt er zwar den Quellen. Doch er nimmt ihrem Günstling und besonders ihr selbst das Imponierende, das sie in Wirklichkeit besaßen. Elisabeth leidet kaum weniger als Maria. Darum ist sie tragisch interessant. Aber der Hauptgrund ihres Leidens ist weder ihre Empfindlichkeit für den Druck, der auf ihr lastet, noch dieser Druck selbst, sondern ihr sittliches Unvermögen, solchem Druck kräftig zu begegnen. Sie steht an moralischem und tragischem Rang weit hinter Maria zurück. Noch mehr gilt das für Leicester, der dem Leiden immer nur geschickt ausweicht.

Ganz anders Talbot und Burleigh. Beide wollen das Wohl des Staates und der Königin. Doch jeder versteht darunter etwas anderes. Burleigh glaubt an die Staatsraison, an den taktischen Vorteil des Augenblicks und an die Heiligung des bösen Mittels durch den guten Zweck. Darum will er Maria beseitigen. Im Unterschied zu Elisabeth will er es nicht aus persönlich-egoistischem Interesse. Er weiß, daß, wer politische Verantwortung übernimmt, gelegentlich auch den Mut zur Schuld aufbringen muß. Von seiner Königin erwartet er dergleichen vergebens. Er selbst ist dazu imstande, freilich nur, weil er ohne Gewissensbisse, skrupellos, hart und stark ist. Ohne weiteres trauen wir ihm zu, daß er sich im Tode männlich fassen würde. Doch die Überwindung eines reichen Lebensgefühls wäre dabei nicht nötig. Burleigh hat kein Talent zum Leiden. Darum ist er ohne tragisches Interesse.

Das letzte gilt von Talbot auch, aber aus dem entgegengesetzten Grund. Der weise alte Mann ist über alles Irdische derart erhaben, daß er jede Anfechtung sicher und leicht besiegt. Er bleibt seiner

---

[12] 19. Juli 1799 an Goethe.

Denkart immer treu. Deshalb steht er von Anfang an über dem
Geschehen als dessen zuständiger Richter, fast wie der Chor in
antiken Tragödien. Er ist der Mann des Gewissens, der Gerechtigkeit. Er glaubt, eine politische Ordnung, die sich auf Ungerechtigkeit stützt, darf und kann auf die Dauer nicht bestehen. Er beweist
durch die Tat, daß man mit der Volksmasse fertigwerden kann und
sich von ihr nichts aufzwingen lassen muß. Er widerlegt damit Burleighs und Elisabeths Gerede von Unfreiheit und Notwendigkeit.
In diesem Drama besteht weder der Zwang noch das Recht, etwas
Böses zu tun. Gewiß gehen von Maria ernste Gefahren aus. Das
Ausland und die Kirche benutzen die Gefangene als Vorwand zu
Invasionen und zu Attentaten auf die Königin. Doch der lastende
Druck solcher Nöte berechtigt ihre Gegner nicht, Unrecht zu tun,
etwa unter Berufung auf gechichtliche Notwendigkeit. Vielmehr
sind sie aufgefordert, sich an das Recht zu halten, auch wenn es
unbequem, sogar gefährlich ist. Dann erst wird Gerechtigkeit ja mehr
als Regel- und Gesetzestreue, mehr als konventionelle Ordnungsliebe;
dann erst wird sie etwas Sittliches. Der Fall Maria Stuart stellt die
politischen Gegner vor eine Bewährungsprobe, in der Burleigh und
Elisabeth versagen. Talbot dagegen bewährt sich. Er macht deutlich,
was hier sein kann und darum sein soll. Er offenbart die Wertordnung, die in dem Drama gilt.

So repräsentieren die sechs wichtigsten Figuren sechs ideal-
typische Möglichkeiten, Mensch zu sein. Sie sind Komplementär-
figuren, die einander zu einer gewissen Totalität ergänzen. Ihre
Konfiguration ist zugleich eine Rangordnung, in welcher sich das
Koordinatensystem, die Wertordnung des Stückes ausspricht. Wir
erkennen das gegen Ende immer klarer. Aber vielleicht kann nur der
Leser entdecken, wie kunstvoll das Ganze organisiert ist.

Die beabsichtigte Wirkung

Der Zuschauer erlebt anders als der Leser. Der Leser kann zurück-
blättern, Stellen vergleichen, nachdenken. Der Zuschauer aber muß,
wie Schiller sagt, *immer beim Objekte bleiben*. Seine Phantasie *ver-*

liert alle Freiheit, er muß *einer fremden Gewalt*[13] folgen. Laut Aristoteles erlebt der Zuschauer eine Tragödie als *Kunst des Affekts.* Er soll zuerst Interesse und Teilnahme empfinden: *Rührung, Furcht, Hoffnung.* Bei fortschreitender Einsicht erlebt er dann *Schrecken* und *Mitleid* (worunter Schiller Mit-Leiden versteht), endlich *Erschütterung* und dadurch *Katharsis,* Reinigung der Affekte. Reinigung bedeutet: Die großen Gegenstände sollen die alltäglichen Durchschnittsgefühle zu großen Empfindungen steigern, uns innerlich erheben.

Schiller geht darüber noch hinaus, indem er Kants Auffassung vom Dualismus des menschlichen Wesens mit einbezieht. Der Tragödiendichter soll die seelische Freiheit des Zuschauers üben und bewahren; man soll den Empfindungen nicht *erliegen,* aber auch immer gegen ein Erliegen ankämpfen; *denn eben in dem Kampfe* [der selbsttätigen Kraft der Seele] *mit dem Leiden der Sinnlichkeit liegt der hohe Genuß, den uns die traurigen Rührungen gewähren. . . . In der geschickten Führung dieses Kampfes beruht eben das große Geheimnis der tragischen Kunst.*[14]

So setzt die Tragödie nicht nur die Figuren, sondern auch den mit-leidenden Zuschauer unter Druck und fordert seine Vernunft auf, sich im Sturme der Gefühle zu behaupten. Der hohe Stil kommt dabei dem Geist zu Hilfe. Er hindert die Sinnlichkeit daran, den Geist zu unterjochen, indem er Distanz schafft. Zum Beispiel als Mortimer Maria bedrängt, geschieht das intensiv genug, um an unsere Lüsternheit zu rühren (seien wir ehrlich!). Doch wir werden damit leicht fertig. Marias Not und Würde bleiben uns gegenwärtig und ebenso der Kunstcharakter des sprachlich stilisierten Ereignisses, zumal Mortimers Leidenschaftlichkeit oft durch Reime künstlich hervorgehoben wird.

Das Bewußtsein der Kunst und der Werte, die auf dem Spiele stehen, kommt also der Vernunft zu Hilfe. Gerade darum muß dem Bewußtsein die Sache auch wieder schwer gemacht werden. Das Bewußtsein muß lange Zeit *gewaltsam gefesselt und der Freiheit beraubt werden,*[15] sich der Täuschung zu frühzeitig zu ent-

---

[13] 26. Dezember 1797 an Goethe.　[14] *Über die tragische Kunst.*
[15] *Über die tragische Kunst.*

reißen, der Täuschung nämlich über die faktischen Verhältnisse und die wahre Wertordnung des Stücks. Schiller weiß beides mit großer Kunst zu verschleiern, wie wir mehrfach sahen. Solche Verschleierung hilft dem Geist, sich im Ansturm der Affekte zu behaupten und sich geistgemäß zu verhalten: zu erkennen und zu urteilen. Auf solche Selbsttätigkeit kommt es an, weniger auf den Inhalt der Erkenntnisse und Urteile. Zudem traute Schiller dem großen Publikum ohnehin nicht das Vermögen zu, bedeutsame Wahrheiten zu erfassen:

> Sogar „das wahrste und höchste Erhabene ist, wie man weiß, vielen Überspannung und Unsinn, weil das Maß der Vernunft . . . nicht in allen dasselbe ist. Eine kleine Seele sinkt unter der Last so großer Vorstellungen dahin oder fühlt sich peinlich über ihren moralischen Durchmesser angespannt." – „Der moralische Sinn liegt . . . nicht bei allen in derjenigen Stärke und Freiheit, wie er bei Beurteilung dieser [komplizierten] Fälle vorausgesetzt werden muß." [16]

Daher gilt von den Welt- und Wertverhältnissen das gleiche wie von der Sprache und den Figuren: sie sind künstlich stilisiert; bei aller Kompliziertheit kann man sie ganz einfach sehen, ohne Geheimnis; ja sie weichen, wie wir gleich sehen werden, tatsächlich teilweise von Schillers persönlicher Überzeugung ab. Die künstlerische Organisation zielt eben nicht primär auf intellektuelle Einsicht, sondern mehr auf das Widerspiel zwischen Geist und Natur, Vernunft und Affekten, Wille und Gefühl. Diese Zielsetzung mag elementar und wenig anspruchsvoll erscheinen. Gleichwohl ist sie eben von elementarer Wichtigkeit für unser höchstes, für unser moralisch-sittliches Vermögen im Augenblick der äußersten Bewährungsprobe. Denn:

> „Fälle können eintreten, wo das Schicksal alle Außenwerke ersteigt, auf die [der Mensch] seine Sicherheit gründete, und ihm nichts weiter übrigbleibt, als sich in die heilige Freiheit der Geister zu flüchten, wo es kein andres Mittel gibt, den Lebenstrieb zu beruhigen, als es zu wollen, und kein andres Mittel, der Macht der Natur zu widerstehen, als ihr zuvorzukommen

---

[16] *Über den Grund des Vergnügens an tragischen Gegenständen.*

und durch eine freie Aufhebung alles sinnlichen Interesse[s], ehe noch eine physische Macht es tut, sich moralisch zu entleiben." – „Wohl ihm also, wenn er gelernt hat, zu ertragen, was er nicht ändern kann." – „Also hinweg mit der falsch verstandenen Schonung und dem schlaffen, verzärtelten Geschmack, der . . . eine Harmonie zwischen dem Wohlsein und dem Wohlverhalten lügt, wovon sich in der wirklichen Welt keine Spuren zeigen. Stirn gegen Stirn zeige sich uns das böse Verhängnis. Nicht in der Unwissenheit der uns umlagernden Gefahren – [. . .] nur in der Bekanntschaft mit denselben ist Heil für uns. Zu dieser Bekanntschaft nun verhilft uns das furchtbar herrliche Schauspiel der alles zerstörenden und wieder erschaffenden und wieder zerstörenden Veränderung, des bald langsam untergrabenden bald schnell überfallenden Verderbens, verhelfen uns die pathetischen [tragisch erregenden] Gemälde der mit dem Schicksal [ringenden] Menschheit, der unaufhaltsamen Flucht des Glücks, der betrogenen Sicherheit, der triumphierenden Ungerechtigkeit und der unterliegenden Unschuld, welche die Geschichte in reichem Maß aufstellt und die tragische Kunst nachahmend vor unsere Augen bringt." [17]

Das ist wieder das Kantische Weltbild; es gibt auf Erden keine Sicherheit, höchstens im Geist. Ideal und Wirklichkeit sind zweierlei. Diese Einsicht könnte uns niederschlagen. Das aber will Schiller gerade nicht. Es ist *ein Kennzeichen guter und schöner, aber jederzeit schwacher Seelen, immer ungeduldig auf Existenz ihrer moralischen Ideale zu dringen und von den Hindernissen derselben schmerzlich gerührt zu werden.* [17]

Statt zu klagen über die Kluft zwischen Wirklichkeit und Ideal, sollen wir uns zusammenraffen. Denn *der Mensch ist das Wesen, welches will,* [17] auch wenn die Natur nicht will. Und dieses Ideal, die innere Unabhängigkeit vom Irdischen, können und sollen wir verwirklichen: dazu macht uns die Tragödie fähig.

Freilich tut sie es nicht ganz so, wie Schiller eben sagte. In der Tragödie ist die Wirklichkeit nicht total vom Ideal geschieden. Es gibt hier die poetische Gerechtigkeit. Das Unrecht triumphiert nicht

---

[17] *Über das Erhabene.*

ungestraft. Es herrscht also eine Weltregierung. Schiller bezeichnet sie nicht genau. Er glaubt an dergleichen nicht und wollte seine Dichtung keiner bestimmten Weltanschauung unterwerfen. In seinen Tragödien wirkt eine Macht ähnlich der antiken Nemesis. Sie reagiert auf jede Verletzung der sittlichen Wert- und Weltordnung mit einem brutalen Gegenschlag, der auch Unschuldige mit ins Verderben reißt und den Übeltäter schwerer trifft, als er verdient. Da aber der Held seinen Untergang selbst mit verschuldet hat, schlägt ihn das Schicksal bei aller Härte doch nicht ungerecht. Die Hinfälligkeit menschlichen Glücks und menschlicher Größe erschüttert uns; doch uns kommt ein Gefühl letzter metaphysischer Geborgenheit zu Hilfe. So ist das Schicksal der Tragödie (wie Lessing schon forderte), verglichen mit dem wirklichen, ein sinnvoll gemachtes, veredeltes. Zusammen mit der wohlberechneten Kunst der Affekte bildet es gewissermaßen das Sicherheitsnetz, über dem unser Geist sich darin übt, seine absolute *Independenz* von inneren und äußeren Anfechtungen, von sittlichen und Lebenstrieben herzustellen, um das sittliche Gesetz in Freiheit zu verwirklichen. Der Zuschauer soll fähig werden, dem wirklichen Schicksal die Stirn zu bieten, so erhaben oder sittlich schön, wie er es beim Helden der Tragödie sieht, ja, als ob er selber auf der Bühne stünde. In unserem Jahrhundert meinte Hemingway, man müßte regelmäßig Boxkämpfe ansehen, um sich einzuüben in der Haltung, die der Augenblick der Wahrheit von uns fordert. Gleiches erwartete er vermutlich von der Lektüre seiner reifen Werke. Und Gleiches jedenfalls erwartet Schiller vom regelmäßigen Besuch der Tragödie:

„Je öfter nun der Geist diesen Akt von Selbsttätigkeit erneuert, desto mehr wird ihm derselbe zur Fertigkeit, einen desto größeren Vorsprung gewinnt er vor dem sinnlichen Trieb, daß er endlich auch dann, wenn aus dem eingebildeten [imaginary] und künstlichen Unglück ein ernsthaftes wird, imstande ist, es als ein künstliches zu behandeln und, der höchste Schwung der Menschennatur! das wirkliche Leiden in eine erhabene Rührung [sublime emotion] aufzulösen.“ [18]

Dann mag er, erhaben zerrissen oder in schöner Einheit mit sich

---

[18] *Über das Erhabene.*

selbst, ein sittlich gutes, großes Verhalten wählen. Er wird dazu um so eher fähig sein, je besser er vor der Bühne lernte, sich auch im Leben vor dem Andrang der Wirklichkeit in die *heitern Regionen*[19] des Geistes zu erheben:

> *Ernst ist das Leben, heiter ist die Kunst.*[20]

---

[19] *Das Ideal und das Leben.*   [20] *Prolog* zum *Wallenstein.*

BIBLIOGRAPHISCHE
NOTIZ

SCHILLERS WERKE: Nationalausgabe, 9. Band, Weimar 1948
SCHILLERS BRIEFE: Hrsg. Fritz Jonas
GOETHE – SCHILLER, BRIEFWECHSEL: Zuerst hrsg. Goethe 1829

REINHARD BUCHWALD: *Schiller. Leben und Werk*, 1937, 4. Auflage
Wiesbaden 1959. [Deutung der Werke im Zusammenhang mit
ihrer Entstehung und Schillers Leben]

BENNO VON WIESE: *Friedrich Schiller*. Stuttgart 1959. [Deutung
aus geistesgeschichtlicher und religiöser Fragestellung]

GERHARD STORZ: *Der Dichter Friedrich Schiller*. Stuttgart 1959.
[Formal – ästhetische Deutung mit metaphysischen Schluß-
folgerungen]

PAUL BÖCKMANN: Stilprobleme in Schillers Dramen. Böckmann,
Formensprache, Hamburg 1966. [Stil als Herrschaft des Geistes
über den Stoff].

EMIL STAIGER: *Friedrich Schiller*. Zürich 1967. [Ästhetisch –
existentielle Gesamtwürdigung]

EMIL STAIGER: Zu Schillers ‚Agrippina‘. Staiger, *Die Kunst der
Interpretation*, Zürich 1955. [Bahnbrechende ästhetisch –
existentielle Würdigung der klassischen Dramatik].

WOLFGANG WITTKOWSKI: Octavio Piccolomini. Zur Schaffensweise des ‚Wallenstein' – Dichters. *Jahrbuch der deutschen Schillergesellschaft* 5, 1961, ferner in *Friedrich Schiller. Zur Theorie und Praxis der Dramen. Wege der Forschung.* Hrsg. K. Berghahn und R. Grimm, Darmstadt 1972. [Ästhetisch-existentiell- moralische Würdigung des klassischen Dramatikers].

KLAUS BERGHAHN: *Friedrich Schiller, Vom Pathetischen und Erhabenen.* Ausgewählte Schriften zur Dramentheorie. Reclam, Stuttgart 1970. [Nützliches Nachwort, erweitert im vorgenannten Sammelband: „Das Pathetischerhabene" – Schillers Dramentheorie.]

ADOLF BECK: ‚Maria Stuart.' *Das deutsche Drama.* Hrsg. B. v. Wiese, Düsseldorf 1958, 1. Bd. [Die moralische Entwicklung der Heldin].

DAVID HAY FLEMING: *Mary Queen of Scots,* 2nd ed. Oxford 1959. [Historische Darstellung]

JOHN B. BLACK: *The Reign of Elisabeth,* 2nd ed. Oxford 1959. [Historische Darstellung]

STEFAN ZWEIG: *Maria Stuart,* 2. Auflage Frankfurt 1949. [Historischer Roman]

ANTONIA FRASER: *Mary, Queen of Scots.* New York 1969. [Historischer Roman].

Haus Tudor

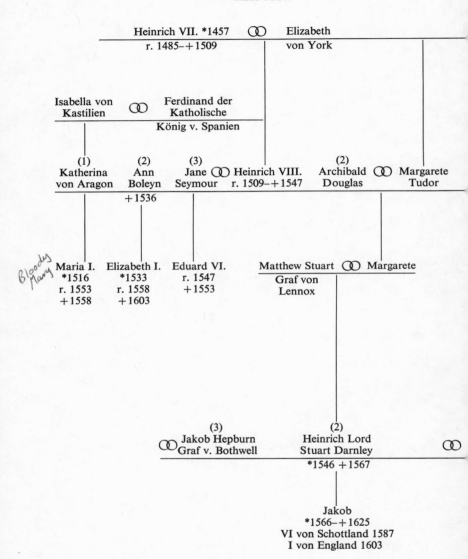

Maria Stuarts Stammtafel

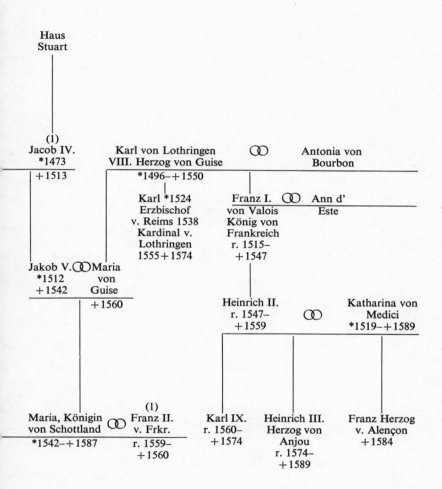

Haus Stuart

(1)
Jacob IV.
*1473
+1513

Karl von Lothringen
VIII. Herzog von Guise
*1496–+1550

⊙⊙ Antonia von Bourbon

Karl *1524
Erzbischof
v. Reims 1538
Kardinal v.
Lothringen
1555+1574

Franz I. ⊙⊙ Ann d'
von Valois   Este
König von
Frankreich
r. 1515–
+1547

Jakob V. ⊙⊙ Maria
*1512   von
+1542   Guise
                +1560

Heinrich II.
r. 1547–
+1559

⊙⊙ Katharina von
Medici
*1519–+1589

Maria, Königin ⊙⊙ (1)
von Schottland   Franz II.
                              v. Frkr.
*1542–+1587   r. 1559–
                              +1560

Karl IX.
r. 1560–
+1574

Heinrich III.
Herzog von
Anjou
r. 1574–
+1589

Franz Herzog
v. Alençon
+1584